Katzen-Zauber

Cleveland Amory (Hrsg.)

Katzen-Zauber

Schnurrige Geschichten – zauberhafte Bilder

VERLEGT BEI
KAISER

Die Originalausgabe erschien unter dem Titel »Cat Tales«
bei Viking Penguin, New York.

Scherz Verlag, Bern, München, Wien.
Berechtigte Ausgabe für die Neuer Kaiser Verlag
Gesellschaft m.b.H., Klagenfurt
mit Genehmigung des Scherz Verlages, Bern und München
Druck und Bindearbeit: Gorenjski tisk, Kranj – Slowenien

INHALT

Cleveland Amory

Einführung

Über Katzen gibt es eine Menge Literatur, weltweit schätzungsweise mehr als zwanzigtausend Bände. Sie ist zwar wie die Hauskatze selbst – zumindest im Vergleich zu Pferd, Vogel und Hund – relativ jung, aber sie ist dennoch im Begriff, jede andere Literatur über einzelne Tierarten zu überflügeln.

Und manchmal geht diese Literatur, wieder wie die Katze selbst, recht eigenwillige Wege. Neulich zum Beispiel landete auf meinem Schreibtisch ein Buch mit dem Titel «Shakespeare für die Katze».

Im ersten Moment war ich nicht sicher, ob das ein Buch für Leute sein sollte, die Shakespeare mit den Augen einer Katze lesen wollen, oder ob es ein Werk über Shakespeare zur Erbauung von Katzen sein sollte. Als ich es aufschlug, stellte ich fest, daß es keines von beiden war – es war ein Band voller Katzenzeichnungen, die Shakespeare-Zitate wie z. B. «. . . manche werden toll, wenn sie 'ne Katze sehen» aus *Der Kaufmann von Venedig* oder «Im Ernst, Herr, ich bin ein Wundarzt für alte Schuhe» aus *Julius Cäsar* illustrierten.

Aber zur Sache – die Katzenliteratur hat ihren Ursprung in der Fabel, die zum Volksgut beinahe jedes Landes gehört. Die meisten dieser Fabeln sind zwar heiter, ihr Hauptanliegen von Äsop bis La Fontaine war dennoch fast immer die Erziehung zu Sitte und Moral.

Für eine solche Aufgabe ausgerechnet die Katze auszuersehen, erscheint nun allerdings ziemlich absurd. «Ich kann mit aller Aufrichtigkeit sagen», schrieb mir ein Freund, «daß ich niemals eine moralische Katze gekannt habe.» An dieser Behauptung muß ich einen gewissen Anstoß nehmen. Mein Kater Eisbär besitzt nämlich eine moralische Einstellung, die in vieler Hinsicht ehrlicher ist als meine eigene. Das puritanische Gewissen hindert einen oft nicht daran, das Verbotene zu tun – es hindert einen lediglich daran, es zu genießen. Eisbärs Gewissen dagegen hindert ihn nicht nur nicht daran, das Verbotene zu tun, es hindert ihn auch nicht daran, es von Herzen zu genießen.

Aber Moral beiseite – der französischen Literatur gebührt Anerkennung dafür, daß sie die Katze aus dem Reich der Fabel befreit hat. Mit Recht, obwohl Théophile Gautier, der französische Dichter und Schriftsteller, den Wettstreit arroganterweise auf nationalistische Dimensionen reduzierte. «Nur ein Franzose», schrieb er, «kann die feinen und subtilen Eigenschaften der Katze verstehen.»

Ob das nun zutrifft oder nicht, eine ganze Schar gefeierter französischer Autoren – Montaigne, Chateaubriand, Baudelaire, Alexandre Dumas der Ältere und der Jüngere, Cocteau und andere – hat sich nach Kräften bemüht, die Richtigkeit dieses Satzes zu beweisen. Es ist daher völlig angebracht, daß von zehn ausgewählten Erzählungen in dieser Sammlung von Katzengeschichten drei aus französischer Feder stammen.

Die erste, von Colette, trägt den Titel *Der Langkater* und gibt Colettes lebenslanger Überzeugung Ausdruck: «Wenn man sich mit der Katze einläßt, riskiert man lediglich, bereichert zu werden.» Die zweite Erzählung, von dem bekannten Märchensammler Charles Perrault, geht auf die Fabel zurück – aber Monsieur Perrault bietet uns ausnahmsweise eine Fabel, in der die Katze weder Betrüger noch Bösewicht ist, sondern eindeutig der Held. Der dritte französische Beitrag, von Émile Zola, ist ebenfalls eine Fabel – in ihr wird die satte Hauskatze vom heimatlosen Streuner über die Gefahren der Freiheit belehrt.

An zweiter Stelle, direkt hinter Frankreich, rangiert, was die Katzenliteratur angeht, England, und dieser Band enthält denn auch die Beiträge von nicht weniger als vier britischen Autoren. In der ersten Erzählung haben wir es mit der wohlvertrauten Edamer Katze aus Lewis Carrolls *Alice im Wunderland* zu tun – mit der Katze, die einmal «ein Grinsen ohne Katze» ist und mit der ein andermal in Alices Augen ein Gespräch so lange sinnlos ist, bis «die Ohren da sind, oder doch wenigstens eins davon». Meine Lieblingsfigur ist immer noch der Scharfrichter, der es ablehnt, sie zu köpfen, indem er auf typisch britische Art und Weise argumentiert, daß «sich ein Kopf nur köpfen ließe, wenn auch ein Leib da sei, von dem man ihn abhacken könnte; daß so etwas noch nie jemand von ihm verlangt habe und daß er nicht im Traum daran denke, in seinen Jahren mit dergleichen noch anzufangen».

Die beiden nächsten britischen Beiträge sind von der verstorbenen Rose Fyleman, einer langjährigen Autorin des *Punch,* und von Marguerite Steen, die ihren ersten Roman mit acht Jahren schrieb. Der eine erzählt, wie das erste persische Kätzchen auf die Welt kam; der andere ist eine Geschichte mit einem höchst überraschenden Ende.

Bei dem vierten britischen Beitrag von H. H. Munro, besser bekannt unter dem Namen Saki, handelt es sich um den Klassiker *Tobermory.* Es ist die Geschichte eines Mannes, der entdeckt, daß er die Tiere das Sprechen lehren kann. Bei seiner Arbeit mit Katzen, die er als «diese wundervollen Geschöpfe» beschreibt, «die sich in phantastischer Weise unserer Zivilisation angepaßt haben, ohne dabei ihren hochentwickelten Raubtierinstinkt aufzugeben», gelingt ihm mit dem Kater Tobermory ein unvergeßlicher Überfall des ungezähmten Wilden auf eine englische Hausgesellschaft.

Die Auswahl enthält auch eine russische Geschichte – von dem berühmten Anton Tschechow. Die traditionsreiche Katz-und-Maus-Geschichte trägt vom ersten bis zum letzten Satz den Stempel des unvergleichlichen russischen Autors.

Schließlich gehören zu der Sammlung auch noch zwei amerikanische Beiträge. Der erste, der diese Auswahl einleitet, stammt von Stephen Vincent Benét, dem Autor von *Er war ein Stein,* dem meiner Ansicht nach besten Buch, das zu meinen Lebzeiten in den USA veröffentlicht wurde. Auf jeden Fall ist die hier gebotene Erzählung zweifellos eine der faszinierendsten Katzengeschichten, die je erzählt wurden. Es gibt doch Werwölfe – warum also nicht auch Werkatzen?

Die zweite amerikanische Erzählung stammt aus der Feder des einzigartigen Mark Twain. Und er hat seinen Platz hier mit Recht; denn Mark Twain hat uns jenen Ausspruch über Katzen hinterlassen, der mir von allen der liebste ist:

«Könnte man den Menschen mit der Katze kreuzen», sagte er, «so würde es den Menschen verbessern, aber die Katze würde es verderben.»

STEPHEN VINCENT BENÉT

Der König der Katzen

«Aber meine Liebe», sagte Mrs. Culverin, leicht nach Luft schnappend. «Das kann doch nicht Ihr Ernst sein – einen *Schwanz*!»

Mrs. Dingle nickte nachdrücklich. «Genau. Ich habe ihn selbst gesehen. Zweimal. In Paris natürlich, und dann bei einem Galakonzert in Rom – wir saßen in der königlichen Loge. Er hat dirigiert – meine Liebe, ich habe nie erlebt, daß jemand soviel aus einem Orchester herausgeholt hat –, und, meine Liebe» – sie zögerte leicht – «er dirigierte mit dem *Schwanz.*»

«Wie absolut faszinierend! Schauerlich!» sagte Mrs. Culverin konsterniert, aber doch höchst begierig. «Sobald er hierherkommt, *müssen* wir ihn zum Abendessen einladen – er kommt doch, nicht wahr?»

«Am Zwölften», sagte Mrs. Dingle mit glänzenden Augen. «Die Leute von der neuen Symphonie haben ihn gebeten, drei Sonderkonzerte zu dirigieren – ich hoffe wirklich, daß Sie mit uns zu Abend essen können, solange er hier ist – er wird natürlich sehr beschäftigt sein –, aber er wird uns sicher soviel Zeit wie möglich schenken.»

«Oh, danke, meine Liebe», sagte Mrs. Culverin geistesabwesend, in Gedanken bei ihrem Überfall auf Mrs. Dingles letzten Schützling, einen britischen Romancier. «Sie sind immer so unglaublich gastfreundlich – aber Sie dürfen sich nicht überanstrengen – wir andern müssen auch unseren Teil dazu tun – Harry und ich wären glücklich, wenn ...»

«Das ist sehr lieb von Ihnen.» Mrs. Dingle ihrerseits erinnerte sich an die Entführung des britischen Romanciers. «Aber wir werden Monsieur Tibault – ein reizender Name, nicht wahr! Es heißt, er stamme von dem Tybalt aus *Romeo und Julia* ab und habe deshalb nichts für Shakespeare übrig – wir werden Monsieur Tibault nur etwas ganz Schlichtes bieten – einen kleinen Empfang nach seinem ersten Konzert vielleicht. Er haßt große Feste.» Sie blickte in die Runde. «Dazu kommt natürlich seine – äh – kleine Exzentrizität.» Sie hüstelte delikat. «Unter Fremden ist er immer etwas schüchtern.»

«Aber ich verstehe immer noch nicht, Tante Emily», sagte Tommy Brooks, Mrs. Dingles Neffe. «Willst du wirklich sagen, daß dieser Kerl Tibault einen Schwanz hat? Wie ein Affe oder so etwas?»

«Tommy, Schatz», erwiderte Mrs. Culverin von oben herab, «erstens ist Monsieur Tibault kein Kerl – er ist ein hervorragender Musiker – der beste Dirigent Europas. Und zweitens –»

«Er hat einen Schwanz», sagte Mrs. Dingle entschieden. «Er dirigiert damit.»

«Also wirklich!» Tommy bekam rote Ohren. «Gut – natürlich, wenn du es sagst, Tante Emily, dann wird es sicher stimmen, aber trotzdem ist es ziemlich unglaublich. Was meinen Sie, Professor Tatto?»

Professor Tatto räusperte sich. «Tzt», sagte er und legte bedächtig seine Fingerspitzen aneinander. «Ich bin sehr gespannt darauf, diesen Monsieur Tibault kennenzulernen. Ich meinerseits habe nie ein echtes Exemplar des *homo caudatus* gesehen, deshalb würde ich eher zu Zweifeln neigen, und doch ... Im Mittelalter zum Beispiel war der Glaube an Menschen – äh – mit Schwänzen oder Schwanzfortsätzen irgendeiner Art weit verbreitet und, wie wir annehmen können, begründet. Sogar noch im achtzehnten Jahrhundert berichtet ein holländischer Kapitän, dem eine gewisse Glaubwürdigkeit zuzutrauen ist, über die Entdeckung zweier solcher Kreaturen auf der Insel Formosa. Soweit ich weiß, befanden sie sich noch auf einer niedrigen Kulturstufe, aber die Schwanzfortsätze, um die es hier ja geht, waren ziemlich ausgeprägt. Und der englische Chirurg Dr. Grimbrook behauptet, 1860 nicht weniger als drei afrikanische Eingeborene mit kurzen, aber doch eindeutigen Schwänzen behandelt zu haben – wir haben allerdings nur sein Wort dafür. Kurz und gut, es ist nicht unmöglich, ohne Zweifel jedoch ungewöhnlich. Schwimmhäute – rudimentäre Kiemen – so etwas tritt ab und zu auf. Die Veranlagung dazu haben wir alle. Die Entwicklungskette vom Affen zum Menschen ist keinesfalls lückenlos. Im übrigen» – er sah von einem zum anderen – «läßt sich ja wirklich nicht sagen, was nun die letzten normalen Rückenwirbel sind und was die Anfänge eines rudimentären Schwanzes. O ja – ja – es ist möglich – durchaus möglich – daß bei einem außergewöhnlichen Fall – ein Atavismus zur Urform – ein Überlebender –»

«Ich habe es ja gesagt», sagte Mrs. Dingle triumphierend. «Ist das nicht faszinierend? Nicht wahr, Prinzessin?» Prinzessin Vivrakanardas Augen, blau wie ein Ritterspornfeld, unergründlich wie der Mittelpunkt des Himmels, richteten sich flüchtig auf Mrs. Dingles erregtes Gesicht.

«Sehr faszinierend», sagte sie, mit einer Stimme, als streiche man über goldenen Samt. «Ich möchte diesen Monsieur Tibault sehr, sehr gerne kennenlernen.»

«Und *ich* hoffe, er bricht sich das Genick!» sagte Tommy Brooks mit gesenkter Stimme – aber auf Tommy achtete, wie immer, sowieso niemand.

Dennoch begannen sich die Leute, als der Zeitpunkt von Monsieur Tibaults Ankunft näher rückte, zu fragen, ob die Prinzessin wirklich die Wahrheit gesprochen hatte, denn bis jetzt war zweifellos sie die große Attraktion der Saison gewesen – und man weiß ja, wie solche Gesellschaftslöwen und -löwinnen sind.

Es war eine siamesische Saison und echte Siamesen waren so gefragt wie russische Akzente in der guten alten Zeit, als das Chauve-Souris eine Neuheit war. Das Siamesische Kunsttheater, das unter riesigen Kosten ins Land geholt worden war, spielte allabendlich vor ausverkauftem Haus im Century Theater.

Gushuptzgu, ein epischer Roman über das Leben der siamesischen Bauern in neunzehn kleingedruckten Bänden, hatte soeben den Nobelpreis erhalten. Bekannte Tierhändler berichteten, daß die unerhört hohe Nachfrage nach Siamkatzen weiter anhielt. Und auf der Krone der Welle des allgemeinen Interesses an allem Siamesischen schwebte mit der eleganten Nonchalance eines hawaiischen Wellenreiters Prinzessin Vivrakanarda. Sie war unentbehrlich. Sie war unvergleichlich. Sie war überall.

Jung, ungeheuer reich, war sie auf der einen Seite mit der königlichen Familie von Siam, auf der anderen mit den Cabots verbunden, und die Mischung verschiedener Rassen in ihr hatte eine exotische Schönheit

hervorgebracht, die so bemerkenswert wie eigenartig war. Sie bewegte sich mit einer katzenhaften, mühelosen Grazie, ihre Haut war wie sanft gepudert mit winzigen Körnchen reinsten Goldes, und das Blau ihrer Augen, die leicht schräggestellt waren, war so rein und beeindruckend wie die See an den Felsen von Maine. Ihr braunes Haar fiel ihr bis zu den Knien – die Frisörgenossenschaft hatte ihr Unsummen geboten, falls sie es abschneiden ließe. Glatt wie ein Wasserfall, der sich über braune Felsen ergoß, hatte es den zarten Geruch von Sandelholz und lieblichen Gewürzen und schimmerte in den Farben von Rost und Sonne. Sie sprach nicht sehr viel – aber das brauchte sie ja auch nicht; ihre Stimme besaß eine seltsame, melodische Rauheit, die einem nachging. Sie lebte allein und galt als sehr faul – zumindest wußte man, daß sie fast den ganzen Tag schlief –, aber nachts blühte sie auf wie eine Mondblume, und eine gewisse Tiefe trat in ihre Augen.

Es war kein Wunder, daß Tommy Brooks sich in sie verliebte. Das Wunder war, daß sie es zuließ. Tommy hatte nichts Exotisches oder Bemerkenswertes an sich – er war bloß einer dieser normalen, netten jungen Männer, die dazu geschaffen scheinen, ihr Vermögen zu mehren, indem sie fast den ganzen Tag im Universitätsclub sitzen und die Zeitungen lesen, und auf die man immer als Lückenbüßer zählen kann, wenn einem jemand unerwartet eine Einladung absagt. Es ist wahr, daß die Prinzessin keinen Verehrer mehr als duldete – niemand hatte jemals diesen distanzierten und arroganten Blick beim Eintreten eines Mannes aufblitzen sehen. Aber sie schien Tommy etwas freundlicher dulden zu können als die übrigen – und die Tagträume des liebeskranken jungen Mannes drehten sich bereits um elegante Verlobungsringe und imaginäre Wohnungen an der Park Avenue, als endlich der berühmte Monsieur Tibault sein erstes Konzert in der Carnegie Hall leitete.

Tommy Brooks saß neben der Prinzessin. Er betrachtete sie mit verliebten und verlangenden Blicken, aber ihr Gesicht war so undurchdringlich wie eine Benda-Maske, und die einzige Bemerkung, die sie während der Einstimmung des Orchesters machte, war, daß wohl eine Menge Zuschauer gekommen seien. Wenn überhaupt, dann war Tommy erleichtert darüber, sie sogar noch ein wenig unzugänglicher zu finden als sonst, denn seit Mrs. Culverins Dinnerparty wartete er mit einer diffusen Unruhe darauf, was für einen Eindruck dieser Tibault auf sie machen würde. Es war ein Beweis seiner Ergebenheit, daß er überhaupt anwesend war. Für einen Mann von der schlichten Denkungsart eines

Princeton-Absolventen, der in dem Song «Just a Little Love, a Little Kiss» die Quintessenz musikalischer Kunst sah, war die bevorstehende Symphonie eine sichere Qual, und er sah dem Programm dieses Abends mit dem Mut der Verzweiflung entgegen.

«Schsch!» sagte Mrs. Dingle atemlos. «Er kommt!» Der überraschte Tommy hatte das Gefühl, wieder im Schützengraben unter schwerem Sperrfeuer zu liegen, als Monsieur Tibault unter einem wahren Bombardement von Applaus seinen Auftritt machte.

Dann verebbte das enthusiastische Klatschen allmählich, und ein Raunen ging durch die Menge – ein tiefer Seufzer, als hätte jeder einzelne im Publikum plötzlich aufgeatmet. In der Tat, die Zeitungen hatten nicht gelogen. Der Schwanz war da.

Man bezeichnete ihn als theatralisch – und wie gut verstand er sich auf die Kunst des Theatralischen! Von Kopf bis Fuß ganz in Schwarz gekleidet (das schwarze Hemd war ein besonderes Zeichen von Mussolinis Hochachtung gewesen), ging er nicht einfach aufs Podium, sondern er schritt, gemächlich, geschmeidig, hochmütig, den berühmten Schwanz lässig um ein Handgelenk gewickelt – ein sanfter schwarzer Panther, der mit jenem kleinen, geheimnisvollen Pendeln des Kopfes, das Panther zeigen, wenn sie hinter Gitterstäben trotten, in einem Sommergarten lustwandelte –, und die funkelnde Dunkelheit seiner Augen wurde weder von Überraschung noch freudiger Erregung bewegt. Er nickte zweimal mit königlicher Würde, als der frenetische Applaus seinen Höhepunkt erreichte. In der Art, wie er nickte, lag für Tommy etwas, das ihn schrecklich an die Prinzessin erinnerte. Dann wandte er sich seinem Orchester zu.

In diesem Moment stieg ein zweiter, lauterer Seufzer aus der Menge der Zuschauer auf; als er sich nämlich umdrehte, schlängelte sich die Spitze dieses unglaublichen Schwanzes mit anmutiger Nachlässigkeit in irgendeine versteckte Tasche und brachte einen schwarzen Dirigentenstab zum Vorschein. Aber Tommy bemerkte es nicht einmal. Er hatte nur Augen für die Prinzessin.

Anfangs hatte sie es nicht einmal für nötig gehalten zu klatschen, aber jetzt . . . Der arme Tommy hatte sie nie so ergriffen gesehen, niemals. Sie applaudierte nicht, ihre Hände lagen zusammengepreßt in ihrem Schoß, aber sie war starr am ganzen Körper, starr wie eine Salzsäule, und die blauen Blumen ihrer Augen waren in angestrengter Konzentration auf die Gestalt Monsieur Tibaults gerichtet. Die ganze Haltung ihres Körpers war so reglos und angespannt, daß Tommy einen Augenblick die verrückte Idee hatte, sie würde gleich so leicht wie ein Falter von ihrem Sitz abheben und völlig geräuschlos neben Monsieur Tibault landen, um – ja – um ihr stolzes Haupt in tiefer Verehrung an seinem Rock zu reiben. Sogar Mrs. Dingle würde es gleich bemerken.

«Prinzessin –», flüsterte er entsetzt, «Prinzessin –»

Langsam entspannte sich ihr Körper, ihre Augen verschleierten sich wieder, sie wurde ruhig.

«Ja, Tommy?» sagte sie mit ihrer gewohnten Stimme, aber da war trotzdem noch etwas...

«Nichts, nur – oh, verflixt – er fängt an!» sagte Tommy, als Monsieur Tibault sich mit lose gefalteten Händen herumdrehte und ins Publikum blickte. Er senkte den Blick; sein Schwanz zuckte einmal beeindruckend, dann klopfte er einleitend dreimal kurz mit dem Dirigentenstab auf den Boden.

Selten ist die Ouvertüre zu Glucks *Iphigenie in Aulis* mit solcher Begeisterung aufgenommen worden. Aber erst beim achten Satz erreichte die Hysterie der Zuhörer ihren Höhepunkt. Nie zuvor hatte die neue Symphonie so ausgezeichnet gespielt – und sicherlich war sie nie zuvor von solch einem Genie geleitet worden. Gegen Ende schluchzten drei prominente Dirigenten im Publikum mit der hoffnungslosen Bewunderung neidischer Kinder, und wenigstens einen hörte man einem ebenfalls anwesenden, sehr bekannten Gesichtschirurgen impulsiv zehntausend Dollar bieten, falls er auch nur den Fetzen eines Beweises dafür erbringen könnte, daß es beim heutigen Stand der Wissenschaft möglich sei, auch den normalerweise schwanzlosen Menschentyp mit einem Schwanz zu versehen. Es gab keinen Zweifel – keine Hand und kein Arm eines Sterblichen, mochten sie noch so beweglich sein, konnten den grazilen Schwung mit der unwiderstehlichen Anmut vereinen, die sich in jeder Geste von Monsieur Tibaults Schwanz spiegelte.

Wie ein zuckender schwarzer Blitz beherrschte der dunkle seidige Stab die Blechinstrumente; wie eine ebenholzschwarze magische Peitsche entlockte er den Holzbläsern den letzten zarten Hauch der Melodie und regierte die stürmischen Streicher wie ein Zauberstab. Immer wieder mußte sich Monsieur Tibault verbeugen – der Saal erzitterte unter den Ausrufen tobender Begeisterung –, und als er sich schließlich erschöpft von der Bühne zurückzog, konnte die Präsidentin des Mittwoch-Sonatenklubs nur mit Gewalt daran gehindert werden, ihm zum Zeichen ihrer Dankbarkeit ihre Neunzigtausend-Dollar-Perlenkette hinterherzuwerfen. New York war gekommen und hatte gesehen – und New York war besiegt. Mrs. Dingle war

sofort von Reportern umringt, und Tommy Brooks sah der kleinen Party, bei der er den neuen Helden der Stunde kennenlernen sollte, mit kaum weniger kummervollen Gefühlen entgegen, als er angesichts seiner eigenen Hinrichtung empfunden hätte.

Das Zusammentreffen der Prinzessin mit Monsieur Tibault verlief schlimmer und gleichzeitig besser, als er erwartet hatte. Besser, weil sie trotz allem nicht viel miteinander sprachen – und schlimmer, weil es ihm schien, als machte eine besondere Seelenverwandtschaft zwischen ihnen alle Worte überflüssig. Sie waren sicherlich das auffallendste Paar im Raum, als er sich so über ihre Hand neigte. «So bezaubernd fremdartig diese beiden und doch so verschieden voneinander», babbelte Mrs. Dingle – aber Tommy konnte nicht zustimmen.

Sie waren sehr verschieden voneinander, ja – der dunkle, geschmeidige Fremde mit diesem bizarren Anhängsel, das nachlässig in seiner Tasche steckte, und die blauäugige, braunhaarige junge Frau. Aber diese Unterschiede betonten nur ihre Gemeinsamkeiten – die Art, wie sie sich bewegten, die Anmut ihrer Gesten, die Stellung ihrer Augen. Etwas, das noch tiefer lag als Rasse, verband sie. Er versuchte es herauszufinden – und als er sich unter den anderen umsah, kam plötzlich die Erleuchtung. Dieses Paar war in der Tat fremdartig – aber nicht nur in bezug auf die New Yorker Gesellschaft, sondern auf die gesamte Menschheit. Als wären sie höfliche Gäste von einem anderen Stern.

Im großen und ganzen verbrachte Tommy keinen glücklichen Abend. Aber sein Hirn arbeitete langsam, und erst viel später wurde ihm dieser verrückte Verdacht richtig bewußt.

Man kann ihm vielleicht keinen Vorwurf daraus machen, daß er nicht gleich begriffen hat. Die folgenden Wochen brachten ihm nichts als Leiden und Verwirrung. Nicht, daß die Prinzessin ihr Benehmen ihm gegenüber geändert hätte – sie war genauso geduldig wie vorher; aber Monsieur Tibault war immer zur Stelle. Er besaß die Fähigkeit, wie aus dem Nichts aufzutauchen – trotz seiner Größe bewegte er sich so leicht wie ein Schmetterling –, und Tommy begann diesen ungemein leichten Schritt auf dem Teppich, der seine Anwesenheit ankündigte, sogar mehr zu hassen, als er das Donnern der Kanonen gehaßt hatte.

Und zu allem Überfluß war dieser Mann auch noch so glatt, so infernalisch, unerschütterlich glatt! Nie verlor er die Laune, nie geriet er in Verlegenheit. Er behandelte Tommy mit absoluter Höflichkeit, doch in der Tiefe seiner Augen blitzte der Spott, und

Tommy konnte nichts dagegen tun. Nach und nach wurde die Prinzessin immer stärker von dem Fremden angezogen, sie teilten etwas miteinander, das keiner Worte bedurfte – auch das sah Tommy und haßte es, und auch dagegen war er machtlos.

Er begann, sich nicht nur vom leibhaftigen Monsieur Tibault verfolgt zu fühlen, sondern auch von dessen Geist. Er schlief schlecht, und wenn er schlief, träumte er – von Monsieur Tibault, der kein Mensch mehr war, sondern ein Schatten, ein Phantom, der geschmeidige Geist eines Tieres, dessen Worte schnurrend zwischen kleinen scharfen Zähnen hervorquollen. Die Gestalt dieses Menschen hatte zweifellos einiges Befremdliche – seine wendige Geschmeidigkeit, die Form seines Kopfes, sogar die Art, wie seine Fingernägel geschnitten waren – aber was genau es war, konnte Tommy beim besten Willen nicht erkennen. Und als er schließlich doch darauf kam, wollte er es zunächst nicht glauben.

Zwei kleine Zwischenfälle gaben ihm schließlich Gewißheit wider alle Vernunft. Eines Winternachmittags war er, in der Hoffnung, die Prinzessin zu treffen, zu Mrs. Dingle gegangen. Sie war mit seiner Tante unterwegs, wurde jedoch zum Tee zurückerwartet, und er wanderte müßig in die Bibliothek, um zu warten. Als er gerade das Licht anschalten wollte, da es in der Bibliothek auch tagsüber immer düster war, hörte er ein feines Atemgeräusch, das von der Ledercouch in der Ecke zu kommen schien. Er näherte sich leise und erkannte schemenhaft die Gestalt Monsieur Tibaults, der zusammengerollt auf der Couch in friedlichem Schlummer lag.

Dieser Anblick ärgerte Tommy so sehr, daß er leise fluchend den Rückzug antrat. Schon fast an der Tür, wurde er plötzlich von diesem Gefühl aufgehalten, das wir alle kennen und hassen, von diesem Gefühl, daß Augen, die wir nicht sehen, uns beobachten. Er drehte sich um – Monsieur Tibault hatte allem Anschein nach nicht einen Muskel seines Körpers bewegt, aber seine Augen waren jetzt geöffnet. Und diese Augen waren nicht länger schwarz und menschlich. Sie waren grün – Tommy hätte es schwören können –, und er hätte schwören können, daß sie unendliche Tiefe besaßen und in der Dunkelheit wie kleine Smaragde glühten. Es dauerte nur einen kurzen Moment – denn Tommy hatte automatisch den Lichtschalter gedrückt –, und schon hatte er Monsieur Tibault wieder vor sich, wie er immer war – mit einem kleinen Gähnen, für das er sich höflich entschuldigte –, aber es gab Tommy zu denken. Und auch das, was ein wenig später geschah, beruhigte ihn keineswegs.

Sie hatten Feuer gemacht und saßen ins

Gespräch vertieft davor – mittlerweile haßte Tommy Monsieur Tibault so inbrünstig, daß er ein merkwürdiges Verlangen nach seiner Anwesenheit hatte, wie das in solchen Fällen häufig vorkommt. Monsieur Tibault erzählte gerade eine Anekdote, und Tommy haßte ihn mehr denn je angesichts des offenkundigen Genusses, mit dem er sich an der Hitze der Flammen und dem weichen Klang seiner eigenen Stimme erfreute.

Dann hörten sie, wie die Haustür geöffnet wurde, und Monsieur Tibault sprang auf – und im Aufspringen blieb er mit einem Strumpf an einer scharfen Ecke des Kamins hängen und riß einen Triangel hinein. Automatisch sah Tommy zu dem Riß hinunter. Es war nur ein kurzer Blick, aber er genügte. Monsieur Tibault verlor zum erstenmal, seit Tommy ihn kannte, völlig die Beherrschung. Er fluchte gewaltig in irgendeiner fremden Sprache, sein Gesicht verzerrte sich plötzlich, und er drückte seine Hand auf den Strumpf. Mit einem wild funkelnden Blick auf Tommy schoß er dann förmlich aus dem Zimmer, und Tommy hörte ihn mit großen, behenden Sätzen die Treppe hinaufspringen. Tommy sank in einen Sessel, ausnahmsweise ohne sich darum zu kümmern, daß er von draußen das helle Lachen der Prinzessin hörte. Er wollte die Prinzessin nicht sehen. Er wollte überhaupt niemanden sehen. Es war etwas enthüllt worden, als Monsieur Tibault sich das Loch in den Strumpf gerissen hatte – und Menschenhaut war es nicht gewesen. Tommy hatte einen kurzen Blick auf – schwarzen Plüsch geworfen. Schwarzen Samt. Und dann war Monsieur Tibault auf einmal wild geworden. Du lieber Himmel, trug dieser Mann etwa schwarze Samtstrümpfe unter seinen normalen Strümpfen? Oder konnte es sein – konnte es sein – aber hier konnte Tommy nur noch seinen fiebernden Kopf in die Hände stützen.

An diesem Abend wandte er sich mit hypothetischen Fragen an Professor Tatto, aber da er nicht wagte, dem Professor seinen wahren Verdacht kundzutun, stürzten die gleichermaßen hypothetischen Antworten ihn nur noch tiefer in Verwirrung. Dann fiel ihm Billy Strang ein. Billy war ein netter Kerl und hatte eine Neigung zum Bizarren. Billy konnte ihm vielleicht helfen.

Drei Tage lang konnte er Billy nicht erreichen und verbrachte diese Zeit in fieberhafter Ungeduld. Aber schließlich trafen sie sich zum Abendessen in Billys Wohnung, wo er seine seltsamen Bücher hatte und Tommy ihm das ganze wilde Durcheinander seines Verdachts offenbaren konnte.

Billy hörte ohne Unterbrechung zu, bis Tommy fertig war. Dann paffte er einmal an

seiner Pfeife. «Aber hör mal, alter Junge», sagte er protestierend.

«Oh, ich weiß – ich weiß.» Tommy wedelte mit den Händen. «Ich weiß, ich bin verrückt – das brauchst du mir nicht zu sagen –, aber trotzdem sage ich dir, dieser Mann ist eine Katze. Nein, ich habe keine Ahnung, wie das möglich sein soll, aber es ist so – außerdem hat er, wie jeder weiß, einen Schwanz!»

«Trotzdem», sagte Billy Strang rauchend. «Oh, mein lieber Tommy, ich zweifle nicht daran, daß du das, was du gesehen hast oder gesehen zu haben glaubst, tatsächlich gesehen hast. Aber, trotzdem ...» Er schüttelte den Kopf.

«Und was ist mit diesen anderen Biestern, Werwölfen oder so?» fragte Tommy.

Billys Miene zeigte Zweifel. «Hm», gab er zu, «da kann ich natürlich nichts dagegen sagen. Ein Mensch mit Schwanz ist zumindest möglich. Und die Geschichten über Werwölfe gehen weit genug zurück – also, ich würde nicht behaupten, daß es keine Werwölfe gibt oder gegeben hat, aber ich bin auch bereit, mehr zu glauben als die meisten Menschen. Aber eine Werkatze – oder ein Mensch, der eine Katze ist, und eine Katze, die ein Mensch ist – wirklich, Tommy –»

«Wenn ich nicht endlich einen konkreten Rat bekomme, drehe ich durch. Herrgott noch mal, sag mir doch, was ich tun soll!»

«Laß mich nachdenken», sagte Billy. «Zuerst einmal: Bist du wirklich sicher, daß dieser Mann eine –»

«Eine Katze ist. Ja.» Tommy nickte heftig.

«Gut. Und zweitens – nimm es mir nicht übel, Tommy – hast du wohl Angst, diese Frau, in die du so verliebt bist, könnte – äh – mindestens eine katzenhafte Ader in sich haben und sich deswegen zu ihm hingezogen fühlen?»

«Lieber Gott, wenn ich das nur wüßte!»

«Also – äh – nehmen wir mal an, es ist wirklich so, wärst du dann immer noch verrückt nach ihr?»

«Ich würde sie sogar heiraten, wenn sie sich jeden Mittwoch in einen Drachen verwandelte!» erwiderte Tommy hitzig.

Billy lächelte. «Hm», meinte er, «dann kommt es offensichtlich darauf an, diesen Monsieur Tibault loszuwerden. Laß mich nachdenken.»

Er dachte zwei Pfeifen lang nach, während Tommy wie auf Kohlen saß. Dann brach er schließlich in Gelächter aus.

«Was ist so verdammt lustig?» fragte Tommy gekränkt.

«Nichts, Tommy, ich habe mir nur gerade eine gute Nummer ausgedacht – etwas so irre Verrücktes –, aber wenn er das ist, wofür du ihn hältst, funktioniert es vielleicht.» Er ging zum Regal und nahm ein Buch heraus.

«Wenn du glaubst, du kannst mich beruhigen, indem du mir eine Gutenachtgeschichte vorliest –»

«Sei still, Tommy und hör dir das an – wenn du deinen kätzischen Freund wirklich loswerden willst.»

«Was ist es denn?» fragte Tommy düster.

«Ein Buch von Agnes Repplier. Über Katzen. Hör zu. ‹Es gibt auch eine skandinavische Version der berühmten Geschichte, die Sir Walter Scott Washington Irving erzählte und Monk Lewis Shelley berichtete und die in dieser oder jener Form in das Volksgut jedes Landes eingegangen ist› – und jetzt spitz die Ohren, Tommy – ‹dieser Geschichte von einem Reisenden nämlich, der in der Ruine einer alten Abtei eine Prozession Katzen beobachtet hatte, wie sie einen kleinen Sarg mit einer Krone darauf in die Erde hinunterließen. Voller Entsetzen lief er davon; aber als er das Ziel seiner Reise erreicht hatte, konnte er es sich nicht versagen, einem Freund von dem Erstaunlichen zu berichten, das er gesehen hatte. Kaum hatte er die Geschichte erzählt, als die Katze seines Freundes, die friedlich zusammengerollt am Feuer gelegen hatte, mit dem Ausruf aufsprang: „Dann bin ich der König der Katzen!" und mit einem Satz im Schornstein verschwand.› Na?» sagte Billy, als er das Buch zuklappte.

«Teufel!» sagte Tommy. «Teufel! Meinst du wirklich, es gibt da eine Chance?»

«Ich glaube, wir gehören beide in die Klapsmühle. Aber wenn du es versuchen möchtest –»

«Versuchen! Beim nächsten Mal, wenn ich ihn sehe, werde ich ihn damit überraschen. Aber, hör mal, ich kann nicht von der Ruine einer alten Abtei erzählen.»

«Ach, gebrauche deine Phantasie! Sag, es war im Central Park. Erzähl es so, als wäre es dir passiert – als hättest du den Leichenzug und all das gesehen. Eine Überleitung wird sich schon finden – warte mal, irgend etwas Alltägliches – oh, ja – ‹Ist es nicht merkwürdig, wie häufig die Realität das Phantastische kopiert? Gerade erst gestern . . .› Siehst du?»

«Ist es nicht merkwürdig, wie häufig die Realität das Phantastische kopiert», wiederholte Tommy brav. «Gerade erst gestern . . .»

«. . . ich machte einen Spaziergang im Central Park, da sah ich etwas sehr Merkwürdiges.»

«Ich machte einen Spaziergang im – gib mir mal das Buch!» sagte Tommy. «Ich möchte den Rest auswendig lernen!»

Mrs. Dingles Abschiedsdinner für den berühmten Monsieur Tibault aus Anlaß seiner bevorstehenden Abreise nach Westen sah man allgemein mit den größten Erwartungen entgegen. Nicht nur würde alles daran teilnehmen, was Rang und Namen hatte, einschließlich der Prinzessin Vivrakanarda, sondern Mrs. Dingle, die sich immer gern in Anspielungen erging, hatte durchsickern lassen, daß bei diesem Abendessen vielleicht eine Bekanntgabe erfolgen würde, die von ungewöhnlichem Interesse für die feine Gesellschaft sei. So war denn dieses Mal fast jeder pünktlich, außer Tommy. Er kam mindestens fünfzehn Minuten zu früh, da er mit seiner Tante unter vier Augen sprechen wollte. Unglücklicherweise aber hatte er kaum seinen Mantel ausgezogen, da flüsterte sie ihm so eilig irgendeine Neuigkeit ins Ohr, daß er kaum ein Wort davon verstand.

«Und du darfst es keiner Menschenseele verraten!» schloß sie strahlend. «Das heißt, nicht vor der Bekanntgabe – ich denke, wir heben sie bis zum Salat auf – dem Salat schenkt nie jemand viel Aufmerksamkeit –»

«Was denn verraten, Tante Emily?» fragte Tommy verwirrt.

«Die Prinzessin, Liebling – die Prinzessin und Monsieur Tibault haben sich heute nachmittag verlobt. Ist das nicht faszinierend?»

«Ja», sagte Tommy und wollte blindlings durch die nächste Tür. Seine Tante hielt ihn zurück.

«Nicht da rein, Schatz, nicht in die Bibliothek. Du kannst ihnen später gratulieren. Sie genießen dort gerade einen kleinen Moment für sich allein.» Und sie wandte sich ab, um den Butler zu schikanieren, und ließ Tommy verblüfft zurück.

Aber nach einer Weile machte er den Mund wieder zu. Er war noch nicht geschlagen.

«Ist es nicht merkwürdig, wie häufig die Realität das Phantastische kopiert?» wiederholte er stumpfsinnig für sich und hob die Faust zur geschlossenen Bibliothekstür.

Mrs. Dingle hatte sich wie üblich getäuscht. Die Prinzessin und Monsieur Tibault waren nicht in der Bibliothek – sie waren im Wintergarten, wie Tommy entdeckte, als er ziellos an der Glastür vorbeiwanderte.

Er wollte nicht spionieren, und nach einer Sekunde drehte er sich weg. Aber diese Sekunde hatte gereicht.

Tibault saß in einem Sessel, sie kauerte auf einem Hocker an seiner Seite, während er sanft und sachte ihr braunes Haar streichelte. Schwarzer Kater und siamesisches Kätzchen. Ihr Gesicht war versteckt, aber Tibaults Gesicht konnte Tommy sehen. Und er konnte hören.

Sie sprachen nicht, aber ein Geräusch hing zwischen ihnen; ein warmes und zufriedenes Geräusch wie das Summen großer Bienen in einem hohlen Baum – ein goldenes, musikalisches Brummen aus tiefer Kehle, das über

Tibaults Lippen kam und von ihr beantwortet wurde – ein goldenes Schnurren.

Irgendwie gelangte Tommy zurück in den Salon und begrüßte nun Mrs. Culverin, die ihm freimütig sagte, sie habe ihn selten so blaß gesehen.

Die ersten zwei Gänge des Abendessens zogen wie ein Traum an Tommy vorüber, aber Mrs. Dingle hatte gute Weine, und ungefähr in der Mitte des Fleischgangs fand Tommy wieder zu sich. Er hatte nur noch eine Möglichkeit.

In den nächsten Minuten versuchte er verzweifelt, in die Unterhaltung einzusteigen, aber Mrs. Dingle war gerade am Zug, und selbst dem Erzengel Gabriel wäre es schwergefallen, Mrs. Dingle zu bremsen. Aber endlich machte sie eine Pause, um Luft zu holen, und Tommy sah seine Chance.

«Da wir gerade davon sprechen», sagte er nachdrücklich, ohne im geringsten zu wissen, worum es ging, «da wir gerade davon sprechen –»

«Wie ich schon sagte», bemerkte Professor Tatto. Aber Tommy war nicht bereit, ihm das Feld zu überlassen. Die Teller wurden abgedeckt. Es war Zeit für den Salat.

«Da wir gerade davon sprechen», sagte er noch einmal, so laut und eigenartig, daß Mrs. Culverin zusammenfuhr und alle am Tisch betreten schwiegen. «Ist es nicht merkwürdig, wie häufig die Realität das Phantastische kopiert?» So, der Anfang war gemacht. Seine Stimme wurde noch lauter. «Gerade heute machte ich einen Spaziergang im ...» Und Wort für Wort wiederholte er seine Lektion. Er konnte sehen, wie Tibault ihn anfunkelte, als er die Beerdigung beschrieb. Er konnte sehen, wie angespannt die Prinzessin war.

Er hätte nicht sagen können, was er erwartete, als er mit seiner Geschichte fertig war, jedenfalls nicht gelangweiltes Schweigen, dem von Mrs. Dingle ein ätzendes «Ist das nun endlich alles, Tommy?» folgte.

Niedergeschmettert sank er auf seinem Stuhl zusammen. Er war ein Idiot, und seine letzte Hoffnung war fehlgeschlagen. Aus weiter Ferne hörte er seine Tante sagen: «Also –» und begriff, daß sie nun die verhängnisvolle Bekanntgabe machen wollte.

Aber genau in diesem Moment sprach Monsieur Tibault.

«Einen Augenblick, Mrs. Dingle», sagte er besonders höflich, und sie schwieg still. Er wandte sich Tommy zu.

«Ich nehme an, Sie sind sich dessen, was Sie heute nachmittag gesehen haben, ganz sicher, Brooks?» fragte er in leicht spöttischem Ton.

«Absolut», erwiderte Tommy mürrisch. «Denken Sie, ich würde –»

«Oh, nein, nein.» Monsieur Tibault fegte

den Verdacht mit einer Handbewegung beiseite. «Aber bei so einer interessanten Geschichte möchte man sich doch auf die Details verlassen können, und selbstverständlich sind Sie sicher – ganz sicher –, daß eine Krone von der Art, wie Sie sie beschrieben haben, auf dem Sarg war?»

«Natürlich», sagte Tommy verwundert, «aber –»

«Dann bin ich der König der Katzen!» schrie Monsieur Tibault mit Donnerstimme, und während er schrie, blinkten die Lichter im Haus – von der Galerie war das dumpfe Geräusch einer Explosion zu hören –, die ganze Szene wurde eine Sekunde lang von einem blendenden Lichtblitz erhellt, der sofort wieder erlosch und dem schwere, alles verhüllende Wolken weißen, beißenden Rauchs folgten.

«Ach, diese schrecklichen Fotografen!» hörte man Mrs. Dingle melodiös klagen. «Ich habe ihnen extra gesagt, daß sie die Blitzlichtaufnahme nach dem Essen machen sollen, und nun haben sie mich beim Salatessen fotografiert!»

Jemand kicherte nervös. Jemand hustete. Dann verzogen sich die Rauchschwaden nach und nach, und die grünen und schwarzen Punkte vor Tommys Augen verflüchtigten sich.

Sie sahen einander blinzelnd an, wie Menschen, die gerade aus dem Dunkeln ins helle Sonnenlicht gekommen sind. Sogar jetzt noch taten ihnen von dem plötzlichen grellen Lichtschein die Augen weh, und Tommy hatte Schwierigkeiten, die Gesichter gegenüber zu erkennen.

Mrs. Dingle übernahm das Kommando über die halbblinde Gesellschaft mit gewohnter Gewandtheit. Mit dem Glas in der Hand stand sie auf. «Und nun, liebe Freunde», sagte sie mit klarer Stimme, «werden Sie sich gewiß alle mit uns freuen –» Mit offenem Mund und einem Ausdruck unbeschreiblichen Entsetzens auf dem Gesicht hielt sie inne. Der Inhalt des erhobenen Glases begann sich in kleinen bernsteinfarbenen Strömen auf dem Tischtuch zu verteilen. Beim Sprechen hatte sie sich unmittelbar zu Tibaults Platz am Tisch gewendet – aber Monsieur Tibault saß nicht mehr dort.

Manche sagen, eine Stichflamme sei plötzlich in die Höhe geschossen und durch den Kamin verschwunden, andere sagen, eine riesige Katze sei mit einem Satz durch das Fenster gesprungen, ohne das Glas zu zerbrechen. Professor Tatto machte mysteriöse chemische Turbulenzen verantwortlich, die sich einzig über Monsieur Tibaults Stuhl abspielten. Wie dem auch sei, eines ist sicher: In dem Augenblick scheinbarer Finsternis nach dem grellen Blitz war Monsieur Tibault, der große

Dirigent, samt Schwanz und allem, was zu ihm gehörte, aus aller Augen verschwunden.

Mrs. Culverin schwört, er sei ein internationaler Verbrecher und sie gerade dabei gewesen, ihn zu entlarven, aber niemand, der an dieser denkwürdigen Tafel saß, glaubte ihr. Nein, es gibt keine vernünftigen Erklärungen, Tommy jedoch glaubt die Wahrheit zu wissen, und er wird nie wieder an einer Katze vorübergehen können, ohne sich seine Gedanken zu machen.

Mrs. Tommy – Gretchen Woolwine aus Chicago (Sie kennen doch die Woolwines!) – hat über Katzen eine ähnliche Meinung wie ihr Ehemann, denn Tommy hat ihr die ganze Geschichte erzählt.

Ohne Zweifel wäre es romantischer, könnte man jetzt erzählen, wie Tommy durch seine Kühnheit doch noch das Herz der Prinzessin gewann, aber das entspräche leider nicht der Wahrheit. Die Prinzessin Vivrakanarda nämlich weilt auch nicht mehr unter uns. Sie brauchte für ihre Nerven, die durch den spektakulären Zwischenfall bei Mrs. Dingles Abendessen ziemlich überreizt waren, dringend eine Seereise, und von dieser Seereise ist sie nie wieder nach Amerika zurückgekehrt.

Natürlich kursieren darüber die üblichen Geschichten – man hört von ihr als Nonne in einem siamesischen Kloster oder als maskierte Tänzerin im *Le Jardin de ma Sœur* – man hört, sie sei in Patagonien ermordet worden oder habe in Trebizond geheiratet – aber, soweit festzustellen ist, entbehren alle diese Märchen einer realistischen Grundlage. Ich glaube, Tommy ist tief im Inneren überzeugt davon, daß diese Seereise nur ein Vorwand war und daß es ihr auf irgendeine unvorstellbare Weise gelang, wieder mit dem formidablen Monsieur Tibault zusammenzutreffen, ja, daß die beiden nun in irgendeiner Ruinenstadt gemeinsam regieren, König und Königin über das ganze geheimnisvolle Königreich der Katzen. Aber das ist natürlich ganz unmöglich.

Lewis Carroll

Die Edamer Katze

Die Tür führte geradewegs in eine große Küche, die von vorn bis hinten rauchgeschwängert war; auf einem dreibeinigen Hocker in der Mitte saß die Herzogin und hielt ein Kind im Arm; und die Köchin stand über den Herd gelehnt und rührte in einem großen Kessel, in dem anscheinend eine Suppe kochte.

«In *der* Suppe ist aber bestimmt zuviel Pfeffer!» sagte Alice zu sich, soweit sie vor Niesen überhaupt sprechen konnte.

In der Luft war ganz gewiß zuviel davon. Selbst die Herzogin nieste gelegentlich; das Kind aber nieste und heulte abwechselnd ohne die kleinste Ruhepause. Die einzigen, die davor anscheinend gefeit waren, waren die Köchin und eine große Katze, die am Herd saß und breit vor sich hin grinste.

«Ach, würden Sie mir bitte sagen», begann Alice ein wenig zaghaft, denn sie wußte nicht genau, ob es sich gehörte, zuerst zu sprechen, «warum Ihre Katze so grinst?»

«Es ist eine Edamer Katze», sagte die Herzogin, «darum. Ferkel!»

Dieses Wort stieß sie mit so großer Heftigkeit aus, daß Alice ordentlich zusammenfuhr; aber sogleich merkte sie, daß nur das Baby damit gemeint war und nicht sie; sie nahm sich also ein Herz und fuhr fort: «Ich wußte gar nicht, daß Edamer Katzen ständig grinsen, oder vielmehr: es ist mir neu, daß Katzen *überhaupt* grinsen können.»

«Können tun es alle», sagte die Herzogin; «und die meisten machen es auch.»

«Ich weiß von keiner, die es macht», sagte Alice sehr höflich und ganz erfreut darüber, daß sich eine Unterhaltung angesponnen hatte.

«Viel weißt du nicht», sagte die Herzogin; «das steht fest.»

Alice wollte der Ton gar nicht gefallen, in dem dies gesagt wurde, und sie hielt es für richtiger, mit einem neuen Gesprächsthema anzufangen. Während sie sich noch überlegte, was sich dazu wohl eignen könnte, zog die Köchin den Kessel vom Feuer und machte sich sogleich daran, alles, was ihr in die Hände kam, gegen die Herzogin und das Baby zu schleudern – zuerst die Herdringe und dann einen ganzen Regen Töpfe, Teller und Schüsseln. Die Herzogin beachtete sie überhaupt nicht, auch wenn sie getroffen wurde; und das Baby heulte ohnehin schon so laut, daß sich unmöglich sagen ließ, ob ihm die Geschosse weh taten oder nicht.

«O bitte, passen Sie doch auf, was Sie tun!» rief Alice und hüpfte vor Entsetzen auf und ab. «Ach, *nicht* sein kleines, liebes Näschen!» – denn gerade flitzte ein ungewöhnlich großer Topf dicht daran vorbei und hätte es fast mit weggefegt.

«Wenn jeder in seinen eigenen Suppentopf schauen wollte», brummte die Herzogin dumpf, «dann könnte sich die Welt bedeutend schneller drehen.»

«Das wäre aber keineswegs ein Vorteil», sagte Alice, die sich sehr über diese Gelegenheit freute, ein wenig von ihrem Wissen vorzuführen. «Stellen Sie sich vor, was dann alles mit Tag und Nacht geschähe! Denn, sehen Sie, die Erde dreht sich genau in vierundzwanzig Stunden einmal um ihre Achse –»

«Achse? Axt, meinst du», sagte die Herzogin, «gut, daß du mich erinnerst. Hack ihr den Kopf ab!»

Alice sah sich ängstlich nach der Köchin um, ob die den Wink verstanden hatte; aber sie war eifrig beschäftigt, die Suppe zu rühren, und schien nicht zuzuhören, so daß Alice tapfer fortfuhr: «Ich *glaube* wenigstens, vierundzwanzig; oder sind es zwölf? Ich –»

«Laß doch *mich* damit in Frieden», sagte die Herzogin; «Zahlen habe ich noch nie ausstehen können!» Und damit begann sie das Kind im Arm hin- und herzuschaukeln und sang dazu eine Art Wiegenlied, wobei sie ihm am Ende von jedem Vers einen heftigen Ruck gab:

Sprich roh mit deinem kleinen Sohn
Und hau ihn, wenn er niest;
Er tut es doch nur dir zum Hohn,
Und weil es dich verdrießt.

Refrain
(in den die Köchin und das Baby einfielen)
Wau! Wau! Wau!

Bei der zweiten Strophe schleuderte die Herzogin das Baby immer weiter heftig hin und her, und das arme kleine Ding fing so laut an zu heulen, daß Alice kaum die Worte verstehen konnte:

Ich spreche grob mit meinem Sohn
Und hau ihn, wenn er niest;
Der Pfeffer schmeckt ihm nämlich schon,
Er ziert sich nur, das freche Biest!

Refrain
Wau! Wau! Wau!

«Da! Jetzt kannst du ihn halten, wenn du magst!» sagte die Herzogin zu Alice und warf ihr das Baby zu. «Ich muß mich zurechtmachen für die Croquetpartie bei der Königin», und damit eilte sie aus dem Zimmer. Die Köchin warf ihr beim Hinausgehen noch eine Bratpfanne nach, verfehlte sie aber um weniges.

Alice konnte das Baby nur mit einiger Mühe in ihren Armen auffangen, denn es war sehr merkwürdig gewachsen, und seine Arme und Beine gingen nach allen Richtungen. «Wie bei einem Seestern», dachte sich Alice. Das arme, kleine Ding schnarchte wie eine Lokomotive, als es bei Alice landete, und krümmte und wand sich zuerst so heftig, daß Alice es kaum festhalten konnte.

Sie hatte bald herausgefunden, wie man es am besten im Arm hielt (man mußte es dazu zu einer Art Knoten schürzen und es dann an seinem rechten Ohr und seinem linken Fuß fest umklammern, damit es nicht wieder aufging), und trug es sogleich hinaus ins Freie. «Wenn ich das Kind nicht mitnehme», dachte sie sich, «haben die es bestimmt in zwei oder drei Tagen umgebracht; wäre das nicht glatter Mord, wenn ich es zurückließe?» Den letzten Satz hatte sie laut gesagt, und das kleine Ding grunzte zur Antwort (zu niesen hatte es inzwischen aufgehört).

«Grunz nicht», sagte Alice; «das ist keine schickliche Art, sich auszudrücken.»

Wieder grunzte das Baby, und Alice sah ihm besorgt ins Gesicht, um zu sehen, ob ihm etwas fehlte. So viel stand fest: seine Nase war *sehr* lang und aufgeworfen, eigentlich mehr wie ein Rüssel als eine rechte Nase; und auch seine Augen waren für ein Baby überaus klein geworden – alles in allem wollte Alice sein

Aussehen gar nicht gefallen. «Aber vielleicht hat es bloß geschluchzt», dachte sie und sah nach seinen Augen, ob darin vielleicht Tränen standen.

Nein, Tränen waren da keine. «Wenn du etwa zu einem Ferkel werden willst, mein Kleines», sagte Alice ernsthaft, «dann will ich mit dir nichts mehr zu schaffen haben. Sieh dich vor!» Das arme kleine Wesen schluchzte wieder (oder grunzte – das ließ sich einfach nicht entscheiden), und so liefen sie zusammen eine Zeitlang schweigend weiter.

Alice begann sich schon zu fragen: «Was soll ich nur mit diesem kleinen Ding anfangen, wenn ich heimkomme?», da grunzte es schon wieder, und zwar so kräftig, daß Alice ihm verstört ins Gesicht sah. Diesmal *konnte* kein Zweifel mehr sein: In ihren Armen lag ganz einfach ein kleines Ferkel, und Alice fand es lächerlich, sich noch länger mit ihm abzuschleppen.

Sie setzte das kleine Geschöpf also auf die Erde und war recht erleichtert, als es still durch den Wald davontrabte. «Als Kind wäre es später doch nur grundhäßlich geworden», sagte sie sich, «aber als Schwein macht es sich, glaube ich, ganz hübsch.» Und sie stellte sich andere Kinder in ihrer Bekanntschaft vor, die sich als Schweinchen gut machen würden, und sagte eben vor sich hin: «Man müßte natürlich das richtige Mittel kennen, um sie dazu zu machen –», als sie plötzlich, leicht zusammenfahrend, die Edamer Katze wenige Meter vor sich auf einem Zweig sitzen sah.

Die Katze grinste bloß, als sie Alice erblickte. Sie sah ganz gutmütig aus, fand Alice; aber andererseits hatte sie doch reichlich lange Krallen und mehr als genug Zähne, und Alice hielt es daher für das beste, sie mit einigem Respekt zu behandeln.

«Edamer Mieze», begann sie ein wenig stockend, denn sie war gar nicht sicher, ob ihr diese Bezeichnung wohl angenehm wäre – aber das Grinsen wurde davon nur noch etwas breiter. «Aha», dachte Alice, «das hat ihr gefallen», und fuhr fort: «Würdest du mir bitte sagen, wie ich von hier aus weitergehen soll?»

«Das hängt zum großen Teil davon ab, wohin du möchtest», sagte die Katze.

«Ach, wohin ist mir eigentlich gleich –», sagte Alice.

«Dann ist es auch egal, wie du weitergehst», sagte die Katze.

« – solange ich nur *irgendwohin* komme», fügte Alice zur Erklärung hinzu.

«Das kommst du bestimmt», sagte die Katze, «wenn du nur lange genug weiterläufst.»

Das konnte Alice freilich nicht leugnen und stellte deswegen lieber eine neue Frage. «Was für Leute wohnen hier in der Gegend?»

«Dort drüben», sagte die Katze und schwenkte ihre rechte Pfote, «wohnt ein Hutmacher; und hier» – und dabei winkte sie mit der anderen Pfote – «wohnt ein Schnapphase. Du kannst es dir heraussuchen, welchen du besuchen willst – verrückt sind sie beide.»

«Aber ich will doch nicht unter Verrückte gehen!» widersprach Alice.

«Ach, dagegen läßt sich nichts machen», sagte die Katze; «hier sind alle verrückt. Ich bin verrückt. Du bist verrückt.»

«Woher weißt du denn, daß ich verrückt bin?» fragte Alice.

«Mußt du ja sein», sagte die Katze, «sonst wärst du doch gar nicht hier.»

«Das ist doch kein Beweis!« dachte sich Alice; aber sie fragte weiter: «Und woher weißt du, daß du selbst verrückt bist?»

«Zunächst einmal», sagte die Katze, «ist ein Hund doch nicht verrückt. Zugegeben?»

«Meinethalben», sagte Alice.

«Nun also» fuhr die Katze fort, «siehst du: ein Hund knurrt, wenn er zornig ist, und wedelt mit dem Schwanz, wenn er sich freut. *Ich* dagegen knurre, wenn ich mich freue, und wedle mit dem Schwanz, wenn ich zornig bin. Folglich bin ich verrückt.»

«*Ich* nenne das ‹schnurren›, nicht ‹knurren›», sagte Alice.

«Nenn es, wie du willst», sagte die Katze. «Kommst du heute zur Croquetpartie bei der Königin?»

«Ich möchte schrecklich gerne», sagte Alice, «aber ich habe noch keine Einladung dazu bekommen.»

«Wir sehen uns dort», sagte die Katze und löste sich in Luft auf.

Alice war darüber nicht sonderlich verwundert, sie war allmählich daran gewöhnt, daß dauernd etwas Seltsames geschah. Während sie noch auf den leeren Platz sah, tauchte die Katze plötzlich wieder auf.

«Übrigens, was ist aus dem Baby geworden?» sagte die Katze. «Fast hätte ich vergessen, danach zu fragen.»

«Es hat sich in ein Ferkel verwandelt», sagte Alice ruhig, als sei die Katze auf ganz gewöhnliche Art zurückgekehrt.

«Das hab ich mir gleich gedacht», sagte die Katze und verschwand wieder.

Alice blieb noch ein Weilchen stehen, weil sie so halb darauf wartete, daß die Katze wiederkäme, aber die blieb fort, und so ging sie nach einiger Zeit in die Richtung, in der der Schnapphase wohnen sollte. «Einen Hutmacher habe ich ja schon öfters gesehen», sagte sie sich; «ein Schnapphase ist da schon viel interessanter. Vielleicht ist er gar nicht vollständig übergeschnappt.» Dabei blickte sie zufällig nach oben, und da saß die Katze schon wieder auf einem Zweig.

«Sagtest du ‹Ferkel› oder ‹Schnörkel›?» fragte die Katze.

«‹Ferkel›, sagte ich», erwiderte Alice; «und übrigens tätest du mir einen großen Gefallen, wenn du etwas weniger plötzlich auftauchen und verschwinden wolltest; man wird ja ganz schwindlig davon.»

«Wie du willst», sagte die Katze und verschwand diesmal ganz allmählich, von der Schwanzspitze angefangen bis hinauf zu dem Grinsen, das noch einige Zeit zurückblieb, nachdem alles andere schon verschwunden war.

«So etwas!» dachte Alice; «ich habe zwar schon oft eine Katze ohne Grinsen gesehen, aber ein Grinsen ohne Katze! Das ist doch das Allerseltsamste, was ich je erlebt habe!»

Alice wurde es langsam sehr unbehaglich zumut; bis jetzt hatte sie zwar mit der Königin noch nicht Streit bekommen, aber sie wußte recht gut, daß das jeden Augenblick geschehen konnte. «Und was soll dann aus mir werden?» dachte sie; «man hat hier ja eine schrecklich große Vorliebe fürs Köpfen; mich wundert bloß, daß überhaupt noch jemand am Leben ist!»

Schon schaute sie sich nach einem Fluchtweg um und erwog ihre Aussichten, unbemerkt zu entkommen, als sie auf eine eigenartige Erscheinung in der Luft aufmerksam wurde. Zuerst konnte sie sich gar keinen Vers darauf machen, doch nachdem sie sie eine Weile beobachtet hatte, wurde darin ein Grinsen erkennbar. «Die Edamer Katze!» sagte sie sich. «Nun bekomme ich doch wenigstens Gesellschaft.»

«Wie kommst du zurecht?» fragte die Katze, sobald Maul genug zum Sprechen erschienen war.

Alice wartete, bis die Augen hinzugekommen waren, und nickte ihnen dann zu. «Es hat keinen Sinn», dachte sie, «wenn ich mit ihr rede, bevor die Ohren da sind, oder doch wenigstens eins davon.» In kurzer Zeit war der ganze Kopf aufgetaucht, und nun setzte Alice den Flamingo ab und berichtete über das Spiel, sehr froh darüber, daß sie jemand zum Zuhören hatte. Der Katze schien der bisher aufgetauchte Teil auszureichen, und sie ließ nichts weiter von sich erscheinen.

«Bei dem Spiel geht es nicht mit rechten Dingen zu», begann Alice sich zu beklagen, «und alle streiten so furchtbar, daß man sein eigenes Wort nicht mehr versteht – und Regeln gibt es anscheinend überhaupt keine; oder wenn es welche gibt, hält sich keiner daran – und du kannst dir gar nicht vorstellen, wie man durcheinanderkommt, wenn das ganze Spielgerät lebendig ist; mein nächstes Tor zum Beispiel läuft gerade dort hinten auf dem Spielfeld herum – und ich hätte bestimmt

gerade den Igel der Königin croquiert, wenn er nicht vor dem meinen davongelaufen wäre!»

«Wie gefällt dir die Königin?» fragte die Katze halblaut.

«Ganz und gar nicht», sagte Alice; «sie ist so überaus –» Da wurde sie gewahr, daß die Königin dicht hinter ihr stand und zuhörte, und fuhr daher fort: «– geschickt im Croquetspielen, daß es sich gar nicht recht lohnt, wenn man sich anstrengt.»

Die Königin lächelte und schritt weiter.

«Mit wem sprichst du da eigentlich?» fragte der König, indem er auf Alice zutrat und den Katzenkopf mit großer Neugier betrachtete.

«Das ist eine Freundin von mir – eine Edamer Katze», sagte Alice; «erlaubt, daß ich sie vorstelle.»

«Sie will mir gar nicht gefallen», sagte der König; «aber wenn sie will, darf sie mir die Hand küssen.»

«Nein, danke», bemerkte die Katze.

«Sei nicht so unverschämt», sagte der König, «und sieh mich gefälligst nicht so an.» Und dabei versuchte er sich hinter Alice zu verstecken.

«Eine Katze braucht den König nicht zu fürchten», sagte Alice. «Das habe ich irgendwo gelesen, aber wo, weiß ich nicht mehr.»

«Nun, jedenfalls muß sie entfernt werden», sagte der König sehr entschieden und rief der Königin, die gerade vorüberging, zu: «Liebe Frau, ich wünschte, du könntest mir diese Katze hier entfernen lassen!»

Die Königin kannte nur eine Art, kleinere oder größere Schwierigkeiten aus dem Weg zu räumen. «Kopf ab mit ihr!» sagte sie, ohne sich umzudrehen.

«Ich hole den Scharfrichter lieber selbst», sagte der König voller Eifer und eilte davon.

Alice hielt es für das beste, doch lieber wieder zurückzugehen und zu sehen, wie es mit dem Spiel stand, denn die Wutschreie der Königin tönten aufs neue aus der Ferne herüber. Alice hatte gehört, wie sie schon drei Mitspieler zur Hinrichtung verurteilt hatte, nur weil sie nicht gemerkt hatten, daß die Reihe an ihnen war; und es begann ihr ein wenig unwohl in ihrer Haut zu werden, da das Spiel völlig durcheinandergeraten war und sie nie wußte, ob sie an der Reihe war oder nicht. So machte sie sich also auf die Suche nach ihrem Igel.

Ihr Igel balgte sich gerade mit einem zweiten, und das schien Alice eine gute Gelegenheit, die beiden Kugeln miteinander zu croquieren; die Schwierigkeit dabei war nur die, daß ihr Flamingo inzwischen quer über den Garten gestelzt war, wo er auf eine täppische Art in eine Baumkrone hinaufzufliegen versuchte.

Bis sie den Flamingo wieder eingefangen und herbeigetragen hatte, war der Kampf zwischen den Igeln vorbei, und sie waren beide verschwunden. «Aber das macht nicht viel», dachte Alice, «denn die Tore sind ja von dieser Spielplatzhälfte auch längst abgewandert.» Sie nahm den Flamingo also unter den Arm, damit er nicht wieder entwischte, und ging zurück, um mit ihrer Freundin noch ein wenig weiterzuplaudern.

Als sie zu der Edamer Katze zurückkam, fand sie zu ihrer Überraschung eine recht beträchtliche Menge um sie versammelt. Der König, die Königin und der Scharfrichter stritten sich miteinander und sprachen alle zugleich, während die übrigen still und beklommen dabeistanden.

Als Alice hinzutrat, wurde sie von allen dreien gebeten, den Streit zu schlichten. Sie trugen ihr die Beweise vor, aber da sie alle zugleich redeten, fand es Alice äußerst schwierig, auseinanderzuhalten, was sie im einzelnen vorbrachten. Der Beweis des Scharfrichters war, daß sich ein Kopf nur köpfen ließe, wenn auch ein Leib da sei, von dem man ihn abhacken könnte; daß so etwas noch nie jemand von ihm verlangt habe und daß er nicht im Traum daran denke, in seinen Jahren mit dergleichen noch anzufangen.

Der Beweis des Königs war, daß man alles köpfen kann, was einen Kopf hat, und er solle gefälligst kein dummes Zeug reden.

Der Beweis der Königin war, daß sie, wenn hier nicht schleunigst etwas geschehe, *alle*, wie sie dastünden, köpfen ließe. (Und diese letzte Bemerkung war es gewesen, die die allgemeine Stille und Beklemmung ausgelöst hatte.)

Das einzige, was Alice einfiel, war: «Die Edamer Katze gehört der Herzogin; vielleicht sollte man die fragen.»

«Die sitzt im Gefängnis», sagte die Königin zum Scharfrichter; «man führe sie vor.» Und der Scharfrichter sauste davon wie ein Pfeil.

Sobald er losgelaufen war, begann der Kopf der Edamer Katze langsam zu verschwimmen, und als der Scharfrichter mit der Herzogin zurückkam, war nichts mehr davon da.

Anton Tschechow

Wen trifft die Schuld?

Mein Onkel Pjotr Demjanitsch, ein magerer, leicht reizbarer Gymnasiallehrer, der große Ähnlichkeit mit einem Stockfisch hatte, machte sich gerade fertig, um in die höhere Schule zu gehen, an der er Latein unterrichtete, als er bemerkte, daß der Einband seiner Grammatik von Mäusen angenagt worden war.

«Höre, Praskowja», rief er, in die Küche eilend, die Köchin an. «Wieso haben wir hier Mäuse? In Gottes Namen! Gestern haben sie mir Löcher in meinen Zylinder gebissen, und jetzt haben sie meine Grammatik verunglimpft. Als nächstes werden sie noch anfangen, meine Kleider zu fressen!»

«Was soll ich dagegen tun?» antwortete die Praskowja. «Ich habe sie nicht ins Haus gebracht.»

«Aber es muß etwas getan werden! Du könntest uns doch eine Katze besorgen!»

«Wir haben schon eine, aber wozu taugt sie schon?» Die Praskowja deutete in eine Ecke, in der, neben einem Reisigbesen schlafend, zusammengerollt ein weißes Kätzchen lag, das so dünn war wie ein Span.

«Und wieso taugt sie zu nichts?» fragte Pjotr Demjanitsch.

«Sie ist noch jung und dumm. Sie kann nicht älter als zwei Monate sein.»

«Hm ... Dann sollte man sie erziehen. Es wäre besser für sie, etwas zu lernen, anstatt nur dort herumzuliegen.»

Nachdem er das gesagt hatte, stieß Pjotr Demjanitsch einen sorgenvollen Seufzer aus und verließ die Küche. Das Kätzchen hob träge den Kopf, sah ihm nach und schloß die Augen wieder.

Es war jedoch wach und dachte nach. Worüber? Da es mit dem wirklichen Leben nicht vertraut war und keinen Vorrat an Eindrükken hatte, konnte es nur instinktiv denken und sich das Leben nur jenen Bildern gemäß vorstellen, die es zusammen mit Fleisch und Blut von seinen Tigervorfahren geerbt hatte. (Siehe Darwin.) Seine Gedanken waren von der Art der Tagträume. Seine Katzenphantasie zeigte ihm etwas wie die arabische Wüste, über die Schatten zogen, die der Praskowja, dem Herd und dem Besen sehr ähnlich waren. Unter den Schatten tauchte plötzlich eine Schale mit Milch auf. Der Schale wuchsen Pfoten, und sie begann sich zu bewegen und zeigte eine Neigung zu fliehen. Das Kätzchen stürzte sich auf sie und hieb in einem Rausch von blutdürstiger Lust seine Krallen hinein ... Als die Schale im Nebel verschwand, erschien, von der Praskowja hingeworfen, ein Stück Fleisch. Mit einem feigen Quäken wollte das Fleisch wegrennen; aber das Kätzchen stürzte sich auf es und schlug ihm seine Krallen in den Leib ... Jedes Bild des jungen Tagträumers begann mit Sprüngen, Krallen und Zähnen ...

Die Seele eines anderen ist ein Mysterium, und das gilt insbesondere für die Katzenseele. Dennoch, durch den folgenden Zwischenfall wird klar, wie nahe die vorangegangenen Bilder der Wahrheit kommen. Im Bann seiner Tagträume fuhr das Kätzchen plötzlich in die Höhe, sah die Praskowja mit glitzernden Augen an, sprang mit gesträubtem Fell auf sie los und schlug ihr seine Krallen in den Rocksaum. Unverkennbar war es ein geborener Mäusefänger, der seinen blutdürstigen Vorfahren alle Ehre machte. Das Schicksal hatte es zum Schrecken aller Keller, Vorratskammern und Getreidespeicher ausersehen. Und wäre nicht die Erziehung gewesen ... Aber wir wollen der Geschichte nicht vorgreifen.

Auf dem Heimweg von der Schule ging Pjotr Demjanitsch in eine Gemischtwarenhandlung und kaufte für fünfzehn Kopeken eine Mausefalle. Nach dem Abendessen befestigte er ein Stück Fleisch darin und legte die Falle unter das Sofa, wo sich ein Stapel Hausaufgaben von Schülern befand, die die Praskowja für Haushaltszwecke benutzte. Um Punkt sechs Uhr abends, als der ehrwürdige Lateingelehrte an seinem Schreibtisch saß und Arbeiten korrigierte, erscholl unter dem Sofa plötzlich ein Knall – so laut, daß mein Onkel aufschreckte und seinen Stift fallen ließ. Unverzüglich ging er zum Sofa und holte die Falle darunter hervor. Eine niedliche kleine Maus, etwa von der Größe eines Fingerhutes, beschnupperte den Draht des Käfigs und zitterte vor Angst.

«Aha!» brummte Pjotr Demjanitsch. Und er funkelte die Maus so böse an, daß man hätte meinen können, er würde ihr gleich eine Sechs geben. «Du bist gefangen, gemeine Kreatur! Warte nur! Ich werde dich lehren, Grammatikbücher zu fressen!»

Nachdem er das Opfer lange genug angefunkelt hatte, stellte Pjotr Demjanitsch die Mausefalle auf den Boden und schrie: «Praskowja! Ich habe eine Maus gefangen! Bring unseren kleinen Kater her!»

«Sofort!» rief die Praskowja zurück. Und gleich darauf kam sie mit dem Tigersproß in den Armen herein.

«Sehr gut!» murmelte Pjotr Demjanitsch und rieb sich die Hände. «Wir werden es ihm beibringen. Setz ihn neben die Mausefalle ... So ist's gut ... Laß ihn sie beschnuppern und ansehen ... So ist es richtig ...»

Der kleine Kater sah verdutzt zu meinem Onkel hinauf, dann zu seinem Lehnstuhl, schnupperte verwirrt an der Mausefalle und schoß dann – zweifellos erschreckt vom hellen Lampenlicht und von der vielen Aufmerksamkeit, die man ihm zollte – in höchster Angst zur Tür hinaus.

«Halt!» schrie mein Onkel und packte ihn am Schwanz. «Halt, du Schurke! Du läßt dich von einer Maus erschrecken, du Idiot! Schau: Es ist eine Maus. Komm, sieh sie dir an! Na? Du sollst hinschauen, sage ich!»

Pjotr Demjanitsch packte den kleinen Kater am Schlafittchen und drückte ihm die Nase an die Mausefalle.

«Schau hin, du kleiner Dummkopf! Heb ihn hoch, Praskowja, und halt ihn fest ... Halt ihn an die Tür der Falle ... Wenn ich die Maus herauslasse, läßt du ihn los, verstanden? Laß ihn genau im selben Moment los. In Ordnung?»

Mein Onkel schob mit Verschwörermiene das Türchen in die Höhe. Die Maus schlüpfte zögernd hinaus, nahm Witterung auf und flitzte unter das Sofa. Der freigelassene kleine Kater stellte den Schwanz auf und flitzte unter den Schreibtisch.

«Sie ist entwischt! Sie ist entwischt!» rief Pjotr Demjanitsch mit wütendem Gesicht. «Wo ist der kleine Schuft? Unter dem Schreibtisch? Na warte ...»

Mein Onkel zerrte den kleinen Kater unter dem Schreibtisch hervor und schüttelte ihn ...

«Du Versager!» knurrte er und zog ihn am

Ohr. «Da hast du's! Und gleich noch mal. Wehe, du machst das noch einmal so schlecht! Du Versager!»

Am nächsten Tag hörte die Praskowja wieder den Ruf: «Praskowja, ich habe eine Maus gefangen! Bring den kleinen Kater her!»

Nach der Demütigung des vergangenen Tages hatte sich der kleine Kater unter dem Ofen versteckt und war die ganze Nacht nicht herausgekommen. Nachdem die Praskowja ihn herausgezogen, am Genick ins Arbeitszimmer getragen und vor die Mausefalle gesetzt hatte, begann er am ganzen Körper zu zittern und kläglich zu miauen.

«Na gut», befahl Pjotr Demjanitsch. «Laß ihn erst mal das Terrain sondieren. Laß ihn sich umsehen und Witterung aufnehmen. Schau dich um und lerne, du! Halt, du verfluchtes Tier!» schrie er, als er bemerkte, daß der kleine Kater vor der Mausefalle zurückwich. «Ich geb dir eine Tracht Prügel! Halt ihn am Ohr fest. Genau . . . Und jetzt setz ihn vor die Tür.»

Mein Onkel öffnete langsam das Türchen . . . Die Maus huschte dem kleinen Kater unter der Nase vorbei, prallte vom Arm der Praskowja ab und sauste unter das Bücherregal. Der Kater, der mittlerweile gemerkt hatte, daß er frei war, machte einen verzweifelten Satz und versteckte sich unter dem Sofa.

«Er hat noch eine Maus entwischen lassen!» brüllte Pjotr Demjanitsch. «Und so was nennst du eine Katze? Er ist ein Scheusal. Ein absoluter Nichtsnutz. Man sollte ihn versohlen – direkt vor der Mausefalle!»

Als die dritte Maus gefangen wurde, begann das Kätzchen beim Anblick der Mausefalle und ihres Insassen wie Espenlaub zu zittern und zerkratzte Praskowjas Hand . . . Nach der vierten Maus verlor mein Onkel alle Selbstbeherrschung und gab dem kleinen Kater einen Tritt. «Weg mit diesem scheußlichen Ding!» sagte er. «Aus dem Haus mit ihm, noch heute! Schmeiß ihn einfach irgendwohin. Er ist keinen Pfifferling wert!»

Ein Jahr verging. Das dünne, kränkliche Kätzchen entwickelte sich zu einem kräftigen, schlauen Kater. Eines Nachts wanderte er auf seinem Weg zum Stelldichein mit einer Schönen durch die Hinterhöfe. Er hatte sein Ziel beinahe erreicht, als er plötzlich ein Rascheln hörte und eine Maus erblickte, die von der Pferdetränke zu den Ställen flitzte. Unserem Helden stellten sich die Haare auf; er machte einen Buckel, begann zu fauchen und ergriff dann, am ganzen Leib zitternd, feige die Flucht.

Ach ja! Manchmal geht es mir wie dem flüchtenden Kater. Ähnlich dem kleinen Kater genoß ich zu meiner Zeit die Ehre, bei meinem Onkel zu lernen, Lateinisch allerdings. Wenn ich heute irgendwo zufällig ein Werk des klassischen Altertums sehe, gerate ich nicht etwa in Ekstase darüber, sondern erinnere mich sofort an das *ut consecutivum,* die unregelmäßigen Verben, das fahlgraue Gesicht meines Onkels und den *ablativus absolutus*... Ich werde bleich, die Haare stehen mir zu Berge, und wie der Kater ergreife ich feige die Flucht.

Colette

Der Langkater

Eine schwarze Kurzhaarkatze wirkt immer länger als andere Katzen. Aber Babou, «der Langkater» genannt, maß, wenn er ausgestreckt dalag, einen Meter bis einszehn. Unter ungünstigeren Umständen kam er nicht über neunzig Zentimeter hinaus. Ab und zu maß ich ihn.

«Er wird nicht mehr länger», sagte ich zu meiner Mutter. «Schade!»

«Wieso schade? Er ist ohnedies schon zu lang! Wachsen, immer nur wachsen! Es ist nicht gut, zu sehr zu wachsen! Gar nicht gut!»

Auch Kinder, die zu schnell wuchsen, beunruhigten meine Mutter, und mein ältester Halbbruder, der bis zu seinem vierundzwanzigsten Lebensjahr weiterwuchs, gab ihr allen Anlaß zur Sorge.

«Aber ich würde gerne noch ein Stückchen größer werden!»

«Ja, ja, so groß wie die Brisedoux-Tochter, dieses arme Geschöpf? Einssiebzig, und das mit zwölf Jahren! Ein kleines Püppchen hat es leicht, doch was soll man mit einer riesenhaften Schönheit machen? Wie bringt man die unter die Haube?»

«Also wird Babou nicht unter die Haube kommen?»

«Eine Katze ist eine Katze. Babou ist nur zu lang, wenn es ihm paßt. Ist es überhaupt sicher, daß er schwarz ist? Wahrscheinlich ist er weiß, wenn es schneit, nachtblau bei Nacht und rot, wenn er Erdbeeren stehlen geht. Er ist federleicht, wenn er auf meinem Schoß liegt, und schwer wie ein Stein, wenn ich ihn abends in die Küche trage, damit er nicht auf meinem Bett schläft... Ich glaube, für eine Katze ernährt er sich zu vegetarisch!»

Denn der Langkater stahl, wie gesagt, Erdbeeren, wobei er von den besonders süßen «Docteur-Morère» die reifsten aussuchte, oder er holte sich die weißen, die ein bißchen nach Ameisen schmecken. Je nach Jahreszeit machte er sich auch über die zarten Spargelspitzen her und wußte die wie eine Salamanderhaut hell-dunkel-gesprenkelte Schale der «Noir-des-Carmes» genannten Melonen aufzubrechen, die er den Netzmelonen vorzog. Das war gar nichts so Außergewöhnliches. Ich hatte einmal eine Katze, die rohe Zwiebelringe fraß, allerdings mußten es die sehr süßen Zwiebeln aus Südfrankreich sein. Es gibt auch Katzen, die sich an Austern delektieren oder an Schnecken oder Muscheln...

Wenn der Langkater auszog, um sich über das Erdbeerbeet unseres Nachbarn, M. Pomié, herzumachen, schlug er immer den Weg über die Mauer ein, die so dicht mit Efeu bewachsen war, daß eine schleichende Katze darin völlig unsichtbar blieb. Nur das leise Rascheln der Blätter, der gelbe Blütenstaub, der in kleinen Wolken aufstieg, und die aufgescheuchten Bienen verrieten seine Anwesenheit.

Er liebte diesen Blättertunnel, doch mußte er von dort auf einen Mauerabsatz hinaustreten, den M. Pomié auf der Höhe seines Gartens sorgfältig von allem Blattwerk befreite. Solchermaßen ohne Deckung, trug Babou die größte Unbekümmertheit zur Schau, vor allem wenn er der schönen Katze der Madame de Saint-Aubin ansichtig wurde, die schwarz war, mit weißem Gesicht und weißem Bauch. Auf dieser Mauer habe ich, wenn nicht die Sitten, so doch zumindest die Protokollregeln der Kater studiert, die nach einer Art Choreographie ablaufen.

Sie sind, im Gegensatz zu den Weibchen, eher laut als kriegerisch und versuchen, durch langes Herumreden Zeit zu gewinnen. Was gibt es da nicht an Geschrei und Vorgeplänkel! Natürlich können auch Kater im Nahkampf auf das grausamste aneinandergeraten, doch an die stumme, wütende Kampfeslust der Katzen kommen sie nicht heran. Die Katze, die gleichzeitig mit Babou in unserem Haus lebte, stürzte sich buchstäblich mit fliegenden Fahnen in den Kampf, sobald ein anderes Weibchen es wagte, ihr Revier zu betreten. Sie berührte kaum den Boden und stürzte sich auf die Feindin, mochte es auch ihre eigene Tochter sein. Wie ein Vogel versuchte sie ihre Gegnerin von oben zu überwältigen. Abgesehen von ein paar Ohrfeigen, sah ich sie nie mit einem Männchen kämpfen, denn alle Kater ergriffen die Flucht, sobald sie ihrer ansichtig wurden, und der Blick, mit dem sie ihnen nachsah, drückte unsägliche Verachtung aus. In den Liebesmonaten Jänner und Juli dauerten ihre Beziehungen zum anderen Geschlecht knappe achtundvierzig Stunden. Kam der Auserwählte am Morgen des dritten Tages, von erneuter Liebessehnsucht gepackt, selbstsicheren, wiegenden Ganges und inbrünstig singend auf sie zu, so sah sie ihn in einer Weise an, daß er wie angewurzelt stehen blieb.

«Ich komme», stammelte er, «ich komme... um unsere nette Unterhaltung von gestern fortzusetzen –»

«Wie bitte?» unterbrach ihn die Katze. «Was sagten Sie? Ich habe Sie nicht ganz verstanden. Welche nette Unterhaltung?»

«Unsere Unterhaltungen... Jene um zehn Uhr morgens... und jene um fünf Uhr nachmittags... und ganz besonders die um zehn Uhr abends beim Brunnen...»

Die Katze, auf der Laube hockend, erhob sich ein wenig auf ihren zarten Pfoten.

«Beim Brunnen... Eine Unterhaltung, *Sie* mit *mir*? Das können Sie jemand anderem erzählen, *mir* nicht. Machen Sie, daß Sie fortkommen. Sie täten gut daran, glauben Sie mir. Fort mit Ihnen!»

«Aber... Aber ich liebe Sie doch! Und ich bin bereit, es Ihnen wieder zu beweisen...»

Die Katze, die sich nun erhoben hatte, sah auf den Kater herab, wie Satan vom Dach der Notre-Dame auf Paris herabsieht... Dieser hielt dem Blick aus den rotgoldenen Augen nicht lange stand und verließ den Schauplatz des Geschehens mit unsicheren Schritten, wie alle Vertriebenen.

Langkater also, vegetarischen Gelüsten frönend, die nur den Uneingeweihten verwundern, machte Jagd auf Erdbeeren, Melonen und Spargel. Die Spuren, die seine Raubzüge in den Rillen seiner Tatzen hinterließen – ein wenig rotes oder grünes Fruchtfleisch –, leckte er gelassen während der Siesta.

«Zeig mir deine Pfoten!» forderte meine Mutter ihn auf.

Er überließ ihr eine seiner langen, in allen Missetaten erfahrenen Vorderpfoten, deren Ballen hart und rissig wie ein in der Sommerhitze ausgedörrter Weg waren.

«Hast du eine Melone geöffnet?»

Vielleicht verstand er sie. Seine sanften gelben Augen hielten Sidos forschendem Blick stand, doch konnte er ein leichtes Schielen

nicht verhindern, weil seine Unschuld nur gespielt war.

«Ja. Du *hast* eine Melone geöffnet. Wahrscheinlich die süße kleine, die mir so gut gefiel, weil sie aussah wie ein Planet, mit gelben Kontinenten und grünen Meeren . . .»

Sie ließ die Pfote los, die weich und ausdruckslos herabfiel.

«Jetzt hat er aber einen ordentlichen Klaps verdient!» sagte ich.

«Ja . . . aber bedenke, daß er sich statt über die Melone auch über einen Vogel hätte hermachen können . . . oder über ein Häschen . . . oder ein Küken . . .»

Sie kraulte den flachen Schädel, der sich in ihre Hand schmiegte, und die halbnackten Schläfen, die bläulich durch das spärliche schwarze Fell schimmerten. Ein dröhnendes Schnurren stieg aus der Kehle des Katers, die unter dem Kinn ein weißes Fleckchen zeigte. Langkater liebte nur meine Mutter, nur ihr folgte er. Wenn ich ihn in die Arme nahm, entwand er sich mir auf kaum merkliche, geschmeidige Weise. Mit Ausnahme der rituellen Kämpfe und der kurzen Zeit der Liebe bestand sein Leben aus Schweigen, Schlummer und gemächlichen nächtlichen Wanderungen.

Natürlich zog ich ihm unsere Katzen vor. Männchen und Weibchen haben so wenig Ähnlichkeit miteinander, daß Katzen die Kater für Fremde, ja sogar für Feinde zu halten scheinen, ausgenommen die Siamkatzen, die wie die großen Raubkatzen ein Eheleben führen. Unsere heimischen Katzen, Mischlinge verschiedenster Farben und Fellarten, neigen vielleicht schon ihrer Vielfalt wegen zu häufigem Partnerwechsel und Treulosigkeit. Bei uns zu Hause strichen immer mindestens zwei, drei Katzen über die Wiese, krönten den Pumpenschwengel des Brunnens oder schlummerten in der als Hängematte dienenden Glyzinie. Meine Mutter und ich genügten ihrem Bedürfnis nach Gesellschaft. Wenn Jänner und Juli, die beiden obligatorischen Liebesmonate, vorüber waren, wurde das Männchen sofort wieder zum ungehobelten, wenig vertrauenerweckenden Flegel, der neugeborene Katzenjunge fraß, und die Unterhaltung der Katzen mit dem Langkater beschränkte sich auf kurze Schimpftiraden, während er die sonnige Laune und das unschuldsvolle Lächeln des über jede böse Absicht, ja jeden bösen Gedanken erhabenen Katers zur Schau trug. Manchmal bahnte sich ein Spiel an, doch war dies nie von Dauer. Die Weibchen bekamen Angst vor der männlichen Kraft, vor dem Rausch der Gewalt, der ein harmloses Spiel in todbringenden Kampf verwandeln konnte. Dank seinem schlangenartigen Körperbau zeichnete sich der Langkater durch wunderbare

Sprünge aus, bei denen er beinahe die Form eines Achters annahm. Auf seinem Winterfell, das länger und glänzender war als das Sommerfell, konnte man bei hellem Sonnenschein die moirierte, gestreifte Zeichnung seines getigerten Vorfahren erkennen.

Kater spielen gerne, bis ins hohe Alter, doch sie legen dabei niemals ihren ernsten Gesichtsausdruck ab. Babous Züge wurden nur weich, wenn er meine Mutter ansah. Dann sträubte er seine weißen Schnurrbarthaare, und aus seinen Augen stieg das unschuldige Lächeln eines kleinen Jungen. Er folgte ihr, wenn sie entlang der Mauer, die unseren von M. Fourolles' Garten trennte, Veilchen pflücken ging. Tag für Tag ließ meine Mutter einen großen Veilchenstrauß an ihrem Ausschnitt oder in einem leeren Glas welken, denn wenn man sie ins Wasser stellt, verlieren sie ihren Duft. Schritt für Schritt folgte der Langkater seiner gebückten Herrin. Manchmal ahmte er mit der Pfote Mutters Bewegung nach, die die Blätter auseinanderbog, und auch er fand interessante Dinge:

«Ich auch!» rief er dann aus und zeigte, was er gefunden hatte: einen Laufkäfer, einen rosigen Wurm, einen vertrockneten Maikäfer...

«Mein Gott, bist du dumm!» sagte Sido liebevoll. «Aber das macht nichts, was du gefunden hast, ist sehr schön...»

Als wir ins Loiret-Tal zu meinem ältesten Bruder übersiedelten, nahmen wir meine Lieblingskatze und den Langkater mit. Beide schienen weniger als ich darunter zu leiden, daß sie statt dem schönen Haus mit einer kleinen Wohnung, statt dem weitläufigen Gelände mit einem engen Gärtchen vorliebnehmen mußten. Ich habe andernorts einmal von dem Bächlein erzählt, das am Ende dieses Gartens rauschte. Mit seinem munteren Geplätscher, seinem klaren Wasser und den von Seifenkraut und Brunnenkresse überwachsenen Einfassungsmauern hätte es eine Zierde des Dorfes sein können, hätte das Dorf ihm mehr Achtung entgegengebracht. Doch die Uferbewohner verschmutzten es. An unserer Grundstücksgrenze befand sich ein kleiner Waschplatz mit einer Hütte, in der das Stroh, auf das sich die Wäscherinnen knien, die hölzernen Waschrumpeln, die weiß waren wie ausgebleichte Knochen, die Schlaghölzer, Reißbürsten und Gießkannen verwahrt wurden. Bald nach unserer Ankunft machte die Katze ihren Anspruch auf diese Hütte geltend und brachte dort ihre Jungen zur Welt, von denen wir ihr ein kleines getigertes ließen, das sie dort aufzog. Wenn die Sonne schien, ging ich sie besuchen und setzte mich auf das Waschbrett. Das weiche, gestreifte, mit Milch vollgesogene Kätzchen betrachtete neugierig die Wasserspiegelungen, die die

Sonne an die Decke zauberte, die zerbrochenen Ringe, die goldenen Schlangen, die kleinen Wellen. Es war sechs Wochen alt und lief den Fliegen nach, deren Flug es mit seinen noch blauen Augen verfolgte, während seine ebenso schön getigerte Mutter sich in der Schönheit ihres dichtgestreiften Sohnes sonnte.

Ausgeschlossen von diesem Familienidyll, trug der Langkater patriarchalische Würde und die stolze Zurückhaltung der Väter zur Schau, die die Aufzucht ihrer Nachkommenschaft ganz ihren Gefährtinnen überlassen. Er ging nie über das Petersilienbeet hinaus, dessen Benutzung die Katze ihm großzügig überlassen hatte und in dem er sich räkelte, um seinen mit trockenen Brustwarzen verzierten Bauch an der Sonne zu wärmen. Oder er hing schlapp auf dem Holzstoß, als wären die dornigen Zweige ein Daunenlager. Denn die Vorstellungen der Katzen darüber, was behaglich ist und was nicht, sind nach menschlichem Ermessen recht erstaunlich.

Früher als sonst erwärmte die Frühlingssonne unser Refugium, und in der linden Mailuft mischten sich die Düfte des Flieders, des jungen Estragons und der braunen Levkojen. Ich litt zu jener Zeit an Heimweh nach dem Dorf, in dem ich geboren bin, und versuchte in der neuen Umgebung meinen Schmerz in aller Stille inmitten der Bitternis des Frühlings und seiner ersten Blüten zu kurieren. Wehmütig lehnte ich meine blassen Wangen und meine durchscheinenden Ohren – ich war ein blutarmes Kind – gegen eine sonnengewärmte Mauer, und immer schleifte das Ende eines meiner langen Zöpfe fern von mir über die feingesiebte Erde eines Saatbeetes.

Eines Tages, als wir alle dahindösten – die Katze in ihrer Hütte, der Kater auf seinem Dornenbett und ich an der Mauer, die die Wärme der Sonne am längsten hielt –, fiel das Kätzchen, das am Ufer des Baches hellwach nach Fliegen gejagt hatte, ins Wasser. Dem Verhaltenskodex seiner Rasse gemäß, gab es keinen Laut von sich und begann, als es wieder auftauchte, instinktiv zu schwimmen. Durch Zufall hatte ich es untergehen sehen und wollte eben zum Haus zurücklaufen, ein Schmetterlingsnetz holen, die Straße bis zur nächsten kleinen Brücke hinunterlaufen und das treibende Kätzchen dort aus dem Wasser fischen, als ich sah, wie der Langkater sich ins Wasser stürzte. Er schwamm wie ein Fischotter, nur die Nasenlöcher über Wasser haltend und mit angelegten Ohren.

Es kommt nicht alle Tage vor, daß man eine Katze schwimmen – ich meine freiwillig schwimmen – sieht. Dabei sind Katzen sehr sichere Schwimmer, doch sie gebrauchen diese Gabe nur, um ihr Leben zu retten, wenn

sie selbst zu ertrinken drohen. Unterstützt von der Strömung schwamm der Langkater zielstrebig auf das Kätzchen zu, und in dem durchsichtigen Wasser des schmalen, über Kiesel und Scherben rasch dahinschießenden Baches glich er mit seinem langgestreckten Körper einem Blutegel... Mehr als eine halbe Minute hatte ich damit verloren, ihm nachzusehen. Da packte er das Kätzchen auch schon bei der Nackenhaut, machte kehrt und schwamm nun stromaufwärts zurück, nicht ohne Mühe, denn die Strömung war stark und das Kätzchen, reglos wie alle Katzenjungen, wenn man sie im Nacken faßt, hatte ein ganz beträchtliches Gewicht. Beinahe wäre ich ins Wasser gesprungen, um dem Kater zu helfen... Doch der Lebensretter kletterte beim Waschplatz an Land und legte seinen Schützling am Ufer ab. Dann schüttelte er sich und starrte verblüfft auf das triefnasse Katzenkind. Es hatte bis dahin keinen Ton von sich gegeben, doch nun begann es zu husten und zu niesen und stimmte einen schrillen Klagegesang an, der die Katzenmutter weckte.

«Wie entsetzlich!» rief sie aus. «Was muß ich sehen? Kinderdieb! Mörder! Neugeborenenfresser! Sag, du Stinktier, was hast du meinem Sohn angetan?»

Sie warf sich über das Katzenjunge, beschnupperte es, drehte und wendete es nach allen Seiten, um es trockenzulecken, während sie dazwischen wütende Drohungen ausstieß.

«Aber», begann der Langkater schüchtern, «aber ganz im Gegenteil! Ich bin ins Wasser gesprungen, um es zu retten... Ich weiß übrigens gar nicht, was da in mich gefahren ist...»

«Verschwinden Sie! Oder es ist um Ihre Nase geschehen! Ich erwürge Sie, ich kratze Ihnen die Augen aus, ich beiße Ihnen die Kehle durch, ich...»

Sie unterstrich ihre Drohungen durch ausdrucksvolle Gesten, und ich bewunderte die wilde Schönheit, die jedem Katzenweibchen eigen ist, wenn es sich mit einer Gefahr oder einem Gegner mißt, die stärker ist als es selbst.

Der Langkater ergriff die Flucht und erklomm triefnaß die Leiter zum Heuboden, wo es wohlig warm war, während die Katze sich in verändertem Tonfall ihrem Sohn zuwandte und ihn in die Hütte brachte, wo er am warmen Bauch der Mutter, gestillt und geleckt, alsbald in heilsamen Schlaf fiel.

Die Katze jedoch hat dem Kater nie verziehen. Nie versäumte sie, sobald sie seiner ansichtig wurde, ihn unter Fauchen und Schreien Kinderdieb und Mörder zu nennen, auch wenn der Langkater sich jedesmal zu verteidigen suchte:

«So versteh doch . . . Ich bin doch ganz im Gegenteil nur dem Ruf meines Herzens gefolgt, habe meinen Abscheu vor dem kalten Wasser überwunden . . .»

Er tat mir wirklich von ganzem Herzen leid und ich nannte ihn «armer, verkannter Langkater».

«Verkannt . . .», meinte meine Mutter. «Ich weiß nicht so recht . . .»

Sie wußte viel über die Geheimnisse der Seele. Sie ließ sich bestimmt nicht täuschen, weder durch verdächtige Sanftmut noch durch das flackernde gelbe Leuchten, das in den Augen eines Katers aufglimmt, wenn sein Blick auf zartes, wehrloses Fleisch fällt . . .

Rose Fyleman

Eine persische Geschichte

«Hast du schon einmal», sagte ich von meinem Buch aufblikkend zu Jim, «von Rustem gehört?»

Jim sah mich verachtungsvoll an; seine Schnurrhaare zuckten im Schein des Feuers. «Von Rustem», erwiderte er, «unserem großen persischen Helden? Was glaubst du denn?» Er zwinkerte sinnend mit seinen gelben Augen. «Ich werde dir eine Geschichte über ihn erzählen, die du in keinem deiner Bücher finden wirst», sagte er.

Und das ist die Geschichte:

Einst rettete Rustem, der ein tapferer Krieger war, einen Zauberer vor Räubern, die ihn an einem verlassenen Ort plötzlich überfallen hatten. Rustem lud den alten Mann ein, die Nacht in seinem Zelt zu verbringen, und nach dem Abendessen setzten sie sich draußen an die kühle Luft und blickten in ein großes Feuer, das Rustems Diener angezündet hatten. Es war eine klare, sternenhelle Nacht, aber es wehte ein unruhiges kleines Lüftchen.

Es erfaßte den Rauch des Feuers, so daß er in tausend bizarren Formen und Gestalten zu tanzen und umherzuwirbeln begann. Die Sterne schienen mit dem Rauch zu tanzen, sie glänzten und glitzerten zwischen den kreisenden Spiralen, und hier und dort fiel auch eine kleine Feuerzunge in den Tanz ein. Da begann der Zauberer zu sprechen.

«Ich möchte Euch ein Geschenk machen, Rustem», sagte er, «als Dank für das, was Ihr für mich getan habt. Gibt es etwas Schönes, das Ihr Euch wünscht?»

«Ich habe keinen Wunsch», sagte Rustem. «Was könnte schöner sein als der Rauch und das Feuer und die Sterne?»

«Ich werde Euch den Rauch und die Flamme und die Sterne zum Geschenk machen», versetzte der Zauberer.

Und er nahm eine Handvoll Rauch und eine Feuersflamme und zwei leuchtende Sterne und knetete sie einen Moment zusammen.

«Hier», sagte er, «hier ist Euer Geschenk.»

Rustem war entzückt; der Zauberer hatte ein kleines lebendes Wesen geschaffen, weich und grau wie der Rauch, mit leuchtenden Sternenaugen und einer kleinen roten Zunge wie eine Feuersflamme. Es tanzte und tollte umher, und es war eine Freude, ihm zuzusehen.

«Nehmt es mit nach Hause», sagte der Zauberer. «Es wird ein Spielzeug für Eure Kinder sein und ein Schmuckstück für Euer Haus.»

Und Rustem tat wie geheißen.

«Und so», sagte Jim, «kam das erste Perserkätzchen zur Welt. Und ich muß es wissen. Es war mein frühester Vorfahr.»

Charles Perrault

Der gestiefelte Kater

Ein Müller hinterließ bei seinem Tode seinen drei Kindern als einziges Vermögen eine Mühle, einen Esel und einen Kater. Mit dem Verteilen ging es rasch. Notar und Rechtsanwalt wurden erst gar nicht gebeten; sie hätten das armselige Erbe schnell aufgezehrt. Der älteste bekam die Mühle, der zweite den Esel und der dritte den Kater.

Der Jüngste konnte sich aber nicht darüber hinwegtrösten, daß er ein so armseliges Los gezogen hatte! «Meine Brüder», sagte er, «können sich zusammentun und ehrlich ihr Brot verdienen, aber wenn ich meinen Kater aufgegessen habe und mir aus seinem Fell einen Muff habe machen lassen, werde ich vor Hunger sterben.» Der Kater, der dies mit anhörte, es sich aber nicht anmerken ließ, sprach zu ihm mit ernster und gewichtiger Miene:

«Seid nicht traurig, mein Herr, Ihr braucht mir nur einen Sack zu geben und mir ein Paar Stiefel machen zu lassen, mit denen ich durchs Gebüsch streifen kann, und Ihr werdet sehen, daß Ihr gar kein so schlechtes Teil erhalten habt, wie Ihr meint.»

Wenn auch der junge Herr diesen Worten nicht allzuviel Wert beimaß, so hatte er bei dem Kater doch eine ganz außerordentliche Findigkeit beim Fangen von Ratten und Mäusen beobachtet; da hatte er sich an den Pfoten aufgehängt oder sich im Mehl versteckt und sich tot gestellt, und so zweifelte er nicht daran, daß er ihm in seinem Elend helfen werde.

Als der Kater seinen Wunsch erfüllt sah, zog er artig seine Stiefel an, warf sich den Sack über die Schulter, nahm die Schnüre in die beiden Vorderpfoten und machte sich auf den Weg zu einem Wildgehege, wo es Kaninchen im Überfluß gab. Er steckte Kleie und Lattich in seinen Sack, stellte sich tot und wartete, daß irgendein junges Kaninchen, das noch wenig von den Schlingen der Welt erfahren hatte, in seinen Sack hineinschlüpfen und fressen würde, was er da hineingesteckt hatte. Kaum hatte er sich niedergelegt, so hatte er bereits Erfolg. Ein junges, vorwitziges Kaninchen lief in den Sack hinein, und Meister Kater zog augenblicklich die Schnüre zu, packte es und tötete es erbarmungslos.

Voller Stolz auf seine Beute begab er sich zum König und verlangte ihn zu sprechen. Man führte ihn hinauf zu den Gemächern Seiner Majestät; er trat ein, machte eine große Verbeugung vor dem König und sprach: «Majestät, hier bringe ich Euch ein Kaninchen, das der Herr Marquis von Carabas (so hatte es ihm beliebt, seinen Herrn nunmehr zu nennen) mich beauftragt hat, Euch in seinem Namen zu überreichen.»

«Sage deinem Herrn», entgegnete der König, «daß ich ihm danke und daß er mir eine Freude gemacht hat.»

Ein anderes Mal versteckte er sich in einem Kornfeld und legte seinen Sack geöffnet neben sich. Als zwei Rebhühner hineingeschlüpft waren, zog er die Schnüre zu und packte sie alle beide. Anschließend ging er zum König und machte sie ihm, ebenso wie er es mit dem Kaninchen getan hatte, zum Geschenk. Der König nahm auch die beiden Rebhühner mit Vergnügen entgegen und ließ ihm zu trinken anbieten.

Der Kater fuhr nun während zwei oder drei Monaten fort, dem König von Zeit zu Zeit Wild aus dem Jagdrevier seines Herrn zu bringen. Eines Tages, als ihm zu Ohren kam, daß der König mit seiner Tochter, der schönsten Prinzessin auf der ganzen Welt, eine Spazierfahrt am Flußufer machen wollte, sprach er zu seinem Herrn: «Wenn Ihr meinem Rat folgen werdet, ist Euer Glück gemacht: Ihr müßt nur im Fluß an einer Stelle, die ich Euch zeigen werde, ein Bad nehmen, den Rest laßt mich nur machen.»

Der Marquis von Carabas tat, wie ihn sein Kater geheißen hatte, ohne zu ahnen, wozu das gut sein mochte. Während er nun badete, fuhr der König vorüber, und der Kater begann aus Leibeskräften zu schreien: «Zu Hilfe, zu Hilfe, der Herr Marquis von Carabas ist am Ertrinken!» Auf diesen Schrei hin streckte der König seinen Kopf aus dem Wagen, und als er den Kater erkannte, der ihm so oft Wildbret gebracht hatte, befahl er seinen Wachen, dem Herrn Marquis von Carabas schnell zu Hilfe zu eilen.

Während man den armen Marquis aus dem Fluß zog, trat der Kater an die Kutsche heran und erzählte dem König, wie sein Herr gebadet habe und wie unterdessen Räuber seine Kleider gestohlen hätten, obgleich er aus Leibeskräften «Haltet den Dieb» gerufen habe; das schlaue Kerlchen hatte sie unter einem großen Stein versteckt. Daraufhin befahl der König seinen Kammerdienern, eines seiner schönsten Gewänder für den Herrn Marquis von Carabas zu holen. Der König schenkte ihm unzählige Zeichen seiner Huld, erwies ihm tausend Freundlichkeiten, und da die schönen Gewänder, die man ihm angelegt hatte, sein gutes Aussehen so recht zur Geltung brachten (denn er war schön und wohlgestaltet), gefiel er der Königstochter nur allzu gut. Als ihr der Marquis von Carabas dann noch zwei oder drei ehrerbietige und ein wenig zärtliche Blicke zuwarf, verliebte sie sich bis über beide Ohren in ihn.

Der König hieß ihn in seine Kutsche einsteigen und ihn bei der Spazierfahrt begleiten. Der Kater, der ganz begeistert war, daß sein Vorhaben so erfolgversprechend begann, ging voraus, und als er auf einige Bauern traf, die eine Wiese mähten, sagte er zu ihnen: «Liebe Leute, die ihr da mäht, wenn ihr dem König nicht sagt, daß die Wiese, die ihr mäht, dem Herrn Marquis von Carabas gehört, werdet ihr alle kleingehackt wie Pastetenfleisch.»

Der König versäumte es nicht, die Mäher zu fragen, wem denn diese Wiese gehörte, die sie mähten: «Sie gehört dem Marquis von Carabas», sagten sie einstimmig, denn die Drohung des Katers hatte ihnen Angst eingejagt. «Da habt Ihr einen schönen Besitz», sprach der König zum Marquis von Carabas. «Das ist wahr, Majestät», entgegnete der Marquis, «die Wiese bringt alljährlich eine gute Ernte.»

Meister Kater, der weiterhin vorausging, traf auf ein paar Schnitter und sagte zu ihnen: «Liebe Leute, die ihr da erntet, wenn ihr nicht sagt, daß all diese Kornfelder dem Herrn Marquis von Carabas gehören, werdet ihr alle kleingehackt wie Pastetenfleisch.» Der König, der kurz danach vorüberkam, wollte wissen, wem die Kornfelder gehörten, die vor ihm lagen. «Sie gehören dem Marquis von Carabas», entgegneten die Schnitter, und wieder freute sich der König mit dem Marquis. Der Kater, der der Kutsche vorausging, sagte immer das gleiche zu allen Leuten, die

er traf, und der König war sehr erstaunt über die großen Güter des Herrn Marquis von Carabas.

Endlich kam Meister Kater zu einem schönen Schloß, das einem Menschenfresser gehörte, dem reichsten Mann, den man sich nur denken konnte; denn all die Ländereien, durch die der König gefahren war, gehörten zu seinem Schloß. Der Kater, der sich sorgfältig erkundigte, wer dieser Menschenfresser war und über welche besonderen Kräfte er verfügte, verlangte ihn zu sprechen, denn – so sagte er – er wolle nicht an seinem Schloß vorübergehen, ohne die Ehre zu haben, ihm seine Aufwartung zu machen. Der Menschenfresser empfing ihn so höflich, wie das einem Menschenfresser nur möglich ist, und ließ ihn Platz nehmen. «Man hat mir versichert», sprach der Kater, «daß Ihr die Gabe besitzt, Euch in jedwedes Tier zu verwandeln, daß Ihr Euch zum Beispiel in einen Löwen oder in einen Elefanten verwandeln könnt.»

«Das ist richtig», entgegnete der Menschenfresser barsch, «und, um Euch das zu zeigen, will ich jetzt vor Euren Augen zu einem Löwen werden.» Der Kater war so entsetzt, einen Löwen vor sich zu sehen, daß er augenblicklich auf die Dachrinne floh, was nicht ganz ungefährlich war, denn seine Stiefel eigneten sich nicht zum Klettern auf den Dachziegeln.

Wenig später, als der Kater sah, daß der Menschenfresser seine ursprüngliche Gestalt wieder angenommen hatte, stieg er herab und gestand, daß er große Angst bekommen hätte. «Man hat mir weiterhin versichert», sagte der Kater, «doch kann ich mir das nicht vorstellen, daß es auch in Eurer Macht steht, die Gestalt ganz kleiner Tiere anzunehmen, die einer Ratte zum Beispiel oder einer Maus; ich muß sagen, daß ich das für ganz unmöglich halte.»

«Unmöglich?» erwiderte der Menschenfresser. «Ihr werdet es schon sehen», und damit verwandelte er sich in eine Maus, die auf dem Fußboden herumlief.

Kaum hatte der Kater sie gesehen, als er sich auf sie stürzte und sie verschlang.

Indessen verlangte der König, der auf seiner Fahrt das schöne Schloß des Menschenfressers erblickte, das Schloßinnere zu sehen. Der Kater hörte die Kutsche über die Zugbrücke fahren, lief herbei und sprach zum König: «Majestät, seid herzlich willkommen hier im Schloß des Herrn Marquis von Carabas.»

«Wie, Herr Marquis von Carabas», rief der König, «das Schloß gehört auch noch Euch! Ich kann mir nichts Schöneres vorstellen als diesen Hof und all die Gebäude, die ihn umgeben; erlaubt Ihr, daß wir eintreten?»

Der Marquis reichte der jungen Prinzessin die Hand; sie folgten dem König, der als erster die Treppe hinaufging, und betraten einen großen Saal. Dort fanden sie ein prächtiges Mahl aufgedeckt, das der Menschenfresser für einige Freunde hatte bereiten lassen. Sie sollten ihn an eben diesem Tage besuchen, hatten aber nicht hereinzukommen gewagt, als sie hörten, daß der König sich dort aufhielt. Der König war entzückt über den Herrn Marquis von Carabas, ebenso wie seine Tochter, die nur noch Augen für ihn hatte; und als er die großen Güter bedachte, die jener besaß, sprach er, nachdem er fünf oder sechs Schluck getan hatte:

«Es liegt nur an Euch, Herr Marquis, ob Ihr mein Schwiegersohn werden wollt.»

Der Marquis verbeugte sich mehrfach vor ihm, nahm den ehrenvollen Antrag an und heiratete noch am selben Tag die Prinzessin. Der Kater aber wurde ein großer Herr und ging nur noch zum Vergnügen auf die Mäusejagd.

SAKI

Tobermory

Es war der kühle, regenverwaschene Nachmittag eines der letzten Augusttage – in jener nichtssagenden Jahreszeit also, in der die Rebhühner sich noch in Sicherheit oder in den Kühlhäusern befinden und es nichts zu jagen gibt. Ohne Ausnahme hatten sich die Gäste von Lady Blemleys Hausparty um den Tisch versammelt. Trotz der Öde der Jahreszeit und der Alltäglichkeit dieses Ereignisses deutete nichts auf jene schwelende Unruhe hin, die gleichbedeutend ist mit der Furcht vor einem Klavierkonzert oder einer beherrschten Sehnsucht nach einer Partie Bridge. Die unverhüllte, durch nichts verborgene Aufmerksamkeit der Anwesenden konzentrierte sich vielmehr auf die anspruchslose, unscheinbare Persönlichkeit des Mr. Cornelius Appin. Von allen Gästen Lady Blemleys war er der einzige, der in keinem festumrissenen Ruf stand. Irgend jemand hatte einmal erwähnt, daß Appin «klug» sei, und so schickte man ihm eine Einladung in der unausgesprochenen Erwartung – zumindest von seiten der Gastgeberin –, daß er wenigstens einen Teil seiner Klugheit zu der allgemeinen Unterhaltung beisteuern würde. Bisher hatte Lady Blemley

jedoch nicht feststellen können, in welcher Richtung sich seine Klugheit – wenn überhaupt – bewegte. Weder war er witzig, noch spielte er auffallend gut Krocket; weder verfügte er über hypnotische Fähigkeiten noch hatte er jemals eine Amateuraufführung inszeniert. Auch sein Äußeres deutete nicht auf einen jener Männer hin, denen die Frauen ein erhebliches Maß an mangelndem Geist nachsehen. Er war zu einem bloßen «Mr. Appin» herabgesunken, und «Cornelius» schien nichts als eine durchsichtige Täuschung zu sein, die man bei seiner Taufe begangen hatte.

Jetzt aber behauptete er plötzlich, der Welt eine Entdeckung geschenkt zu haben, neben der die Erfindung des Schießpulvers, der Druckerpresse oder der Dampfmaschine belanglose Lappalien seien. Die Wissenschaft habe zwar im Verlauf der letzten Jahrzehnte atemberaubende Fortschritte auf allen Gebieten gemacht – seine Entdeckung schien jedoch eher auf dem Gebiet der Wunder als auf dem der Wissenschaft zu liegen.

«Und wir sollen Ihnen also glauben», sagte Sir Wilfrid gerade, «daß Sie eine Möglichkeit gefunden haben, den Tieren die Kunst der menschlichen Sprache beizubringen, und daß sich der liebe Tobermory als Ihr erster erfolgreicher Schüler entpuppt hat?»

«Während der letzten siebzehn Jahre habe ich an diesem Problem gearbeitet», sagte Mr. Appin. «Aber erst während der letzten acht oder neun Monate bin ich mit den Andeutungen eines Erfolges belohnt worden. Bis dahin hatte ich natürlich schon mit Tausenden von Tieren experimentiert – zuletzt jedoch ausschließlich mit Katzen, diesen wundervollen Geschöpfen, die sich in phantastischer Weise unserer Zivilisation angepaßt haben, ohne dabei ihren hochentwickelten Raubtierinstinkt aufzugeben. Hin und wieder stößt man bei Katzen auf einen überragenden Intellekt – genauso wie bei der Masse der menschlichen Geschöpfe; und als ich vor einer Woche die Bekanntschaft Tobermorys machte, merkte ich sofort, daß ich einer ‹Über-Katze› von ungewöhnlicher Intelligenz gegenüberstand. Bei meinen letzten Versuchen war ich dem Erfolg ein großes Stück näher gekommen; bei Tobermory – wie Sie ihn nennen – habe ich jedoch mein Ziel erreicht.»

Mr. Appin beschloß seine bemerkenswerten Ausführungen in dem spürbaren Bemühen, seinen Triumph nicht laut werden zu lassen. Keiner der Anwesenden murmelte «Unsinn», obgleich Clovis' Lippen ein zweisilbiges Wort formten, das diesem nagenden Unglauben vermutlich entsprach.

«Damit wollen Sie also sagen, daß Tobermory jetzt in der Lage ist, zu sprechen und einfache Sätze aus einsilbigen Wörtern zu verstehen?» meinte Miss Resker nach einer kurzen Stille.

«Meine liebe Miss Resker», erwiderte der Wundermann ungeduldig, «in der von Ihnen erwähnten Form unterrichtet man kleine Kinder, Wilde und geistig zurückgebliebene Erwachsene. Wenn man jedoch erst einmal das Problem gelöst hat, bei einem Tier mit sehr hoch entwickelter Intelligenz den Anfang zu finden, braucht man diese ermüdende Methode nicht mehr. Tobermory ist in der Lage, unsere Sprache völlig korrekt zu sprechen.»

In diesem Augenblick sagte Clovis deutlich vernehmbar: «Wahnsinn!» Sir Wilfrid war zwar höflicher, jedoch nicht weniger skeptisch.

«Vielleicht ist es am besten, wir lassen Tobermory hereinholen und bilden uns dann selbst ein Urteil?» schlug Lady Blemley vor.

Sir Wilfrid begab sich auf die Suche nach dem Tier, und die übrigen lehnten sich bequem und in der anspruchslosen Erwartung zurück, Zeugen eines mehr oder weniger geschickten Bauchrednertricks zu werden.

Nur Sekunden später stand Sir Wilfrid wieder in der Tür: Trotz der Bräune war sein Gesicht blaß, und in den Augen spiegelte sich seine Aufregung wider. «Bei Gott – es ist wahr!»

Seine Erschütterung war echt, und seine Zuhörer waren auf einmal hellwach und blickten ihn gespannt an.

Sir Wilfrid ließ sich in einen Sessel fallen; das Erlebnis hatte ihm fast den Atem verschlagen. «Er war im Rauchzimmer und schlief. Ich rief ihm zu, er solle zum Tee kommen. Wie üblich blinzelte er mich an, und ich sagte: ‹Los, Toby – wir haben keine Lust zu warten!› Und bei Gott – mit einer entsetzlich natürlichen Stimme erwiderte er daraufhin, daß er käme, wenn es ihm paßte! Mich hat es fast umgeworfen!»

Appin hatte vor völlig ungläubigen Zuhörern gepredigt; Sir Wilfrids Feststellung überzeugte jedoch sofort. Ein Durcheinander verwirrter, aufgeregter Stimmen erhob sich, in dem der Wissenschaftler schweigend in seinem Sessel saß und die ersten Früchte seiner erstaunlichen Entdeckung genoß.

Dann betrat Tobermory den Raum; auf seinen Sammetpfoten schritt er mit betonter Gleichgültigkeit zu der Gruppe, die um den Teetisch saß. Alle Anwesenden waren plötzlich verlegen und befangen; niemand wagte es, eine Hauskatze anzusprechen, deren geistige Fähigkeiten denen der Anwesenden ebenbürtig waren.

«Möchtest du etwas Milch haben?» fragte Lady Blemley schließlich mit ziemlich aufgeregter Stimme.

«Meinetwegen», lautete die Antwort, die in

einem völlig gleichgültigen Ton gesprochen wurde. Ein Schauer unterdrückter Aufregung überlief die Zuhörer, und Lady Blemley goß die Milch mit bebender Hand in die kleine Schüssel. Aber das war verständlich.

«Ich glaube, ich habe etwas danebengegossen», sagte sie entschuldigend.

«Schließlich gehört der Teppich nicht mir», erwiderte Tobermory nur.

Wieder senkte sich ein Schweigen über die Anwesenden. Schließlich fragte Miss Resker mit ihrem hochmütigsten Gesicht, ob die menschliche Sprache schwer zu erlernen sei. Tobermory sah sie einen Augenblick aufmerksam an und senkte dann vorwurfsvoll den Blick; damit zeigte er deutlich, daß er nicht geneigt war, auf derartig einfältige Fragen einzugehen.

«Was hältst du von der menschlichen Intelligenz?» fragte Mavis Pellington schüchtern.

«Wessen Intelligenz meinen Sie im besonderen?» fragte Tobermory kühl.

«Zum Beispiel – zum Beispiel meine», sagte Mavis und lachte dabei verlegen.

«Damit bringen Sie mich in eine peinliche Situation», sagte Tobermory, dessen Ton und Benehmen jedoch keinerlei Peinlichkeit verrieten. «Als Ihr Name im Zusammenhang mit den Einladungen zu dieser Party genannt wurde, erhob Sir Wilfrid Einspruch, weil Sie die dümmste Frau seines ganzen Bekanntenkreises seien und weil zwischen Gastfreundschaft und der Wohltätigkeit für geistig Minderbemittelte ein erheblicher Unterschied bestehe. Lady Blemley erwiderte darauf, daß Ihr mangelnder Verstand doch gerade der Grund zu der Einladung sei, da Sie – Lady Blemleys Ansicht nach – der einzig in Frage kommende Mensch wären, der ihren alten Wagen kaufen würde. Sie kennen den Wagen doch, nicht wahr? Man nennt ihn hier den ‹Neid des Sisyphos›, weil er jede Steigung sehr flott nimmt, wenn man ihn schiebt.»

Lady Blemleys Protest wäre erheblich wirkungsvoller gewesen, wenn sie nicht am gleichen Morgen – ganz nebenbei – zu Mavis gesagt hätte, daß der fragliche Wagen genau das richtige für sie sei, da sie schließlich in dem hügeligen Gebiet von Devonshire wohne.

Um abzulenken, stürzte Major Barfield sich in das Gespräch. «Was ist eigentlich mit der gefleckten Stallkatze, mit der du dich dauernd herumtreibst? Antworte!»

Jeder der Anwesenden merkte im gleichen Augenblick, daß diese Frage ein großer Fehler war.

«Normalerweise redet man vor anderen nicht über derartige Dinge», erwiderte Tobermory kalt. «Nach allem, was Sie sich seit Ihrer Ankunft in diesem Haus geleistet haben, würde es Ihnen aller Wahrscheinlichkeit

nach auch nicht passen, wenn ich die Unterhaltung auf Ihre eigenen Affären brächte.»

Die Unruhe, die diese Worte auslösten, beschränkte sich nicht nur auf den Major.

«Könntest du vielleicht in der Küche nachfragen, ob dein Essen schon fertig ist?» schlug Lady Blemley sofort vor und versuchte damit die Tatsache zu übersehen, daß es bis zu Tobermorys Abendbrot mindestens noch zwei Stunden dauern würde.

«Nein, danke», sagte Tobermory, «das hat noch Zeit. Ich möchte nicht an einer Magenverstimmung sterben.»

«Du weißt doch, daß Katzen neun Leben haben», meinte Sir Wilfrid nachdrücklich.

«Möglich ist es», erwiderte Tobermory. «Aber sie haben nur eine Leber.»

«Adelaide!» warf Mrs. Cornett ein. «Willst du diese Katze etwa noch dazu ermuntern, draußen mit dem Personal über uns zu lästern?»

Das Entsetzen hatte inzwischen alle Anwesenden ergriffen. Vor den meisten Schlafzimmerfenstern lief nämlich eine schmale, mit Ornamenten verzierte Balustrade entlang, und man erinnerte sich auf einmal, daß sie zu jeder Zeit Tobermorys Lieblingsaufenthalt war, von dem aus er die Tauben beobachtete – und der Himmel allein wußte, wen noch! Mrs. Cornett, die einen erheblichen Teil ihrer Zeit vor dem Toilettenspiegel verbrachte und der man ein nomadenhaftes, wenn auch pünktliches Wesen nachsagte, machte einen genauso unruhigen Eindruck wie der Major. Sollte Tobermory in seiner offenen Art sich einiger Dinge erinnern, würde die Wirkung mehr als nur verwirrend sein. Miss Scrawen, die ausgesprochen sinnliche Gedichte verfaßte und ein makelloses Leben führte, zeigte nur Entsetzen; wenn man in persönlichen Dingen systematisch und tugendsam vorgeht, hat man nicht unbedingt das Verlangen, daß alle Welt es erfährt. Bertie van Tahn, der schon mit siebzehn Jahren so verdorben war, daß er bereits vor einiger Zeit den Wunsch, noch schlimmer zu werden, fallengelassen hatte, verfärbte sich und wurde kalkweiß; immerhin beging er nicht den Fehler, den Raum überstürzt zu verlassen – wie Odo Finsberry, ein junger Mann, der Theologie studierte und den der Gedanke, in die Skandale anderer Menschen eingeweiht zu werden, völlig verwirrte. Clovis besaß die Geistesgegenwart, äußerlich völlig unbeteiligt zu wirken. Er überschlug in Gedanken, wie lange es dauern würde, sich irgendwoher eine Kiste mit besonders zarten Mäusen schicken zu lassen – als eine Art Schweigegeld.

Selbst in dieser heiklen Situation konnte Agnes Resker es nicht ertragen, längere Zeit im Hintergrund stehen zu müssen.

«Warum bin ich nur hierhergekommen?» rief sie dramatisch aus.

Tobermory ergriff sofort die Gelegenheit. «Nach allem, was Sie gestern Mrs. Cornett gegenüber während des Krocketspiels äußerten, sind Sie wegen des ausgezeichneten Essens gekommen. Von den Blemleys sagten Sie, sie seien die langweiligsten Menschen, die Sie kennten; dann meinten Sie jedoch, daß die Blemleys immerhin so klug gewesen seien, sich einen ausgezeichneten Koch zu halten – sonst wäre es Ihrer Ansicht nach auch kaum vorstellbar, daß irgendein Gast zum zweitenmal hierherkäme.»

«Nicht ein einziges Wort davon ist wahr! Mrs. Cornett ist Zeugin . . .»

«Mrs. Cornett wiederholte Ihre Worte gegenüber Bertie van Tahn», fuhr Tobermory fort, «und sagte noch: ‹Dieses Weib ist ein regelrechter Freßsack. Wenn sie weiß, daß sie ihre vier ausgiebigen Mahlzeiten pro Tag bekommt, geht sie überallhin!› Und Bertie van Tahn sagte . . .»

Glücklicherweise wurde der Bericht an dieser Stelle unterbrochen. Tobermory hatte Tom, den großen gelben Kater aus dem Pfarrhaus, entdeckt, der durch die Ziersträucher zum Stall schlich. Mit einem gewaltigen Satz war er durch die offenstehende Terrassentür verschwunden.

Nach dem Abgang seines allzu gelehrigen Schülers fand sich Cornelius Appin plötzlich inmitten eines Orkans erbitterter Vorwürfe, ängstlicher Fragen und flehender Bitten. Allein bei ihm liege die Verantwortung für die entsetzliche Situation, und an ihm sei es jetzt, dafür zu sorgen, daß alles nicht noch schlimmer würde. Ob Tobermory seine gefährliche Begabung auch anderen Katzen mitteilen könne, war das erste, was man ihn fragte. Möglich sei es, erwiderte er, daß er seine intime Freundin, die Stallkatze, in seine neuen Fähigkeiten einweihte; es sei jedoch unwahrscheinlich, daß er damit Erfolg hätte.

«Meinetwegen mag Tobermory eine wertvolle Katze und ein besonders liebes Tier sein», meinte Mrs. Cornett. «Du wirst jedoch zugeben müssen, Adelaide, daß man ihn möglichst schnell beseitigen muß – und die Stallkatze auch!»

«Glaubst du etwa, daß ich die letzte Viertelstunde besonders genossen habe?» sagte Lady Blemley verbittert. «Mein Mann und ich mögen Tobermory wirklich gern wenigstens mochten wir ihn, solange er diese schrecklichen Fähigkeiten noch nicht besaß. Aber jetzt gibt es natürlich keine andere Lösung, als ihn so schnell wie möglich zu beseitigen.»

«Vielleicht könnten wir etwas Strychnin in sein Fressen tun», meinte Sir Wilfrid. «Die Stallkatze werde ich persönlich ersäufen. Der Kutscher wird seinem Liebling zwar nachtrauern, aber ich werde einfach sagen, daß bei beiden Katzen eine ansteckende Räude ausgebrochen sei und daß wir fürchteten, sie könnten auch die Hunde infizieren.»

«Und meine einzigartige Entdeckung!» unterbrach Mr. Appin ihn. «Nach so vielen Jahren des Forschens und Experimentierens . . .»

«Meinetwegen experimentieren Sie mit Rindviechern weiter, die man eingesperrt halten kann», sagte Mrs. Cornett. «Oder auch mit den Elefanten in den zoologischen Gärten. Elefanten sollen doch so intelligent sein, und außerdem sagt man von ihnen, daß sie sich weder in Schlafzimmern herumtreiben noch unter Sesseln verstecken!»

Ein Erzengel, der verzückt das tausendjährige Reich verkündet hat und dann feststellen muß, daß es aus irgendeinem Grund auf unbestimmte Zeit hinausgeschoben wird, könnte kaum enttäuschter sein als Cornelius Appin über das Echo, das sein wunderbarer Erfolg ausgelöst hatte. Die öffentliche Meinung stand jedoch gegen ihn, und hätte man auf die Stimme der Allgemeinheit gehört, wäre eine bedeutende Minderheit vermutlich dafür gewesen, ihm ebenfalls eine strychningewürzte Speise vorzusetzen.

Schlechte Zugverbindungen und der nervöse Wunsch, das hoffentlich gute Ende noch mitzuerleben, verhinderten die sofortige Abreise der Beteiligten; aber trotzdem war das Abendessen kein gesellschaftlicher Erfolg. Besonders Sir Wilfrid hatte aufregende Stunden hinter sich – zuerst wegen der Katze, dann wegen des Kutschers. Agnes Resker begnügte sich – für alle sichtbar – mit einem trockenen Toast, in den sie jedoch hineinbiß, als sei er ihr persönlicher Feind. Mavis Pellington befleißigte sich eines störrischen Schweigens; Lady Blemley dagegen redete ununterbrochen und hoffte, daß man es als Unterhaltung ansehen würde, während ihre Augen immer wieder zur Tür wanderten. Auf dem Büfett stand eine Schüssel mit sorgfältig präpariertem Fisch – aber nachdem Nachspeise, Käse und Mokka abserviert waren, hatte man Tobermory weder im Speisezimmer noch in der Küche gesehen.

Der Leichenschmaus fand seine würdige Fortsetzung in der Nachtwache, die im Rauchzimmer abgehalten wurde. Essen und Trinken hatten zumindest zur Folge, daß die herrschende Verlegenheit bemäntelt und man von ihr abgelenkt wurde. Eine Partie Bridge stand jedoch bei der vorhandenen Nervenanspannung und auf Grund der allgemeinen Stimmung gar nicht zur Debatte. Um elf Uhr ging das Personal zu Bett, nachdem noch Bescheid gesagt worden war, daß das kleine Fenster in der Anrichte – Tobermorys Privateingang – wie üblich offenstehe. Die Gäste hingegen lasen sich standhaft durch die

vorhandenen Magazine und griffen sogar auf literarische Zeitschriften sowie auf die verschiedenen Sammelbände des *Punch* zurück. In regelmäßigen Abständen suchte Lady Blemley die Anrichte auf, kehrte jedoch immer mit einem Ausdruck dumpfer Niedergeschlagenheit zurück, der jede Frage überflüssig machte.

Um zwei Uhr brach Clovis das lastende Schweigen.

«Heute nacht kommt er doch nicht mehr. Vermutlich sitzt er in der Redaktion der hiesigen Zeitung und diktiert das erste Kapitel seiner Memoiren. Sie werden alles übrige aus dem Felde schlagen und die Sensation des Tages werden.»

Nachdem Clovis seinen Beitrag zur allgemeinen Unterhaltung beigesteuert hatte, begab er sich zu Bett. In längeren Abständen folgten die anderen Gäste seinem Beispiel.

Die Diener, die am folgenden Morgen den Frühstückstee auf den Zimmern servierten, gaben auf die stets gleiche Frage eine ständig wiederkehrende Antwort: Tobermory sei noch nicht nach Hause gekommen.

Das gemeinsame Frühstück verlief – wenn überhaupt möglich – noch unerfreulicher als das gestrige Abendessen; bevor man sich jedoch wieder erhob, wurde die Situation geklärt: Tobermorys Leichnam wurde ins Haus gebracht. Einer der Gärtner hatte ihn zwischen den Ziersträuchern gefunden. Aus der Bißwunde an seiner Kehle und den gelben Haarbüscheln an seinen Krallen wurde deutlich, daß er in dem ungleichen Kampf mit dem Kater aus dem Pfarrhaus unterlegen war.

Gegen Mittag hatten die meisten Gäste das Haus verlassen, und nach dem Essen hatte sich Lady Blemley wieder so weit erholt, daß sie an das Pfarrhaus einen äußerst unangenehmen Brief wegen des Verlustes ihres Lieblings schreiben konnte.

Tobermory war Mr. Appins erster erfolgreicher Schüler gewesen, und das Schicksal wollte es, daß er keinen Nachfolger bekam. Wenige Wochen später riß sich im Dresdener Zoo – ohne vorher die geringste Erregung zu zeigen – ein Elefant los und tötete einen Engländer, der ihn offenbar geärgert hatte. Der Name des Unglücklichen wurde von den Zeitungen verschieden angegeben: einmal als Oppin, dann wieder als Eppelin. Als Vorname wurde jedoch überall gleichlautend «Cornelius» genannt.

«Wenn er versucht haben sollte, dem armen Tier die deutschen unregelmäßigen Verben beizubringen, hat er es auch nicht anders verdient», sagte Clovis.

Marguerite Steen

Kleiner weißer König

Der Frühling verging mit der Baumblüte, und der Sommer wandelte sich unbemerkt zum Herbst. Noch hielten die Sykomoren ihre Blätter fest, dann ließen sie sie in zwei oder drei plötzlichen Schauern auf den Rasen fallen. Er entdeckte ein neues Vergnügen: hinter dem Gärtner herzugehen, während der mit dem Besen immer wieder im Bogen über den Rasen fuhr. Manchmal wurde er zu einer weißen Windmühle, einer silbernen Feuerwerksonne, wie er unbeschreibliche Kapriolen zwischen den trockenen braunen Flocken ausführte, die ihm als Konfetti auf Rücken, Flanken und erhobenen Schwanz fielen. Der Mähmaschine von jeher zugetan, half er mit beim letzten Rasenschnitt des Jahres.

Alle, die ihn von klein auf gekannt hatten, stellten in jenen Herbstwochen die Entfaltung seiner Schönheit fest. Im Übergang vom Kätzchen zur Katze besaß er – wie ein menschliches Lebewesen – etwas seltsam Eindrückliches, das, wie man wußte, mit der vollzogenen Entwicklung vergehen würde. Er war enorm gewachsen; von der Nasenspitze zum Schwanzansatz war er bereits länger als die Schwarze, wenn auch weniger hoch. Der Schwanz hatte die letzte zartgoldene Spur verloren und war buschiger als die breiteste Straußenfeder. Seine Pfoten schienen nicht mehr zu groß für seinen Körper und hatten sich mit Klauen bewehrt – mehr grün als elfenbeinfarben –, mit denen er immer noch allzuoft die Polster bearbeitete, die er aber nie beim Spielen benützte. Wenn er das Pech hatte, damit sein Ziel zu verfehlen – das Stück Band, Papier oder Schnur, das wir vor ihm her zogen – und statt dessen sich in menschliches Fleisch zu krallen, so geschah das nie absichtlich; wenn man ihm die zerkratzte Hand an Stelle des Spielzeugs hinhielt, betupfte er sie mit seiner Samtpfote.

Er war sehr herrisch, bestimmt und autokratisch in seinen Forderungen. Er benötigte wirklich einen Vasallen, der nur ihm zu Diensten war: Der mußte ihm Türen öffnen und schließen, ihm ein Tröpfchen Milch geben, seine Pfoten trocknen, wenn er im Regen gewesen war, die Pingpong-Bälle suchen, die er an die unzugänglichsten Orte beförderte, oder ihn auf der Schulter tragen. Obschon man eigentlich sagen konnte, er «fresse immerzu», (zwei Mundvoll aufs Mal), wurden sein weicher, elastischer Körper nicht dick und seine Knochen nicht hart. Wenn man ihn aufhob, hatte man noch immer das Gefühl eines Muffs. Ich fragte mich, wie lange dieser weiche Zustand noch dauern würde. Er mußte ja härter werden, sehniger, mußte den ausgreifenden Schritt des Männchens und den Räuberkopf des Jägers entwickeln. Eines freute mich: Der Verlust seines Geschlechts hatte seine Stimmbänder nicht beeinträchtigt; sein Miau und sein Schnurren waren noch so voll wie beim unbeschnittenen Tier.

Ein Zug machte ihn mir besonders lieb: seine beinah wohlwollende Haltung den Vögeln gegenüber. Voll Neugier und Interesse beschlich er sie, versuchte jedoch nie – wenigstens nicht in meinem Beisein – sie zu töten. Er folgte den komischen gefiederten Dingern durch Rasen und Rabatten, indem er sich flach an den Boden drückte und sie mit glitzernden Augen, jedoch offenbar ohne mörderische Absicht beobachtete. Er schien ihnen die unschuldige Aufmerksamkeit zu widmen, die er allen kleinen beweglichen Gegenständen zollte – Blättern, Schmetterlingen oder Schattenbildern. Er sprang los und schlug zu. Hätte er dabei je getroffen, so würde sich der angeborene Instinkt zweifellos sein Recht verschafft haben; aber bei all seiner Wendigkeit verfehlte er sie stets, und dann verließ ihn schließlich das Interesse an dem Spiel.

Ebenso ging es mit den Feldmäusen. Da er nie hatte der Nahrung wegen jagen müssen, begnügte er sich mit einem oder zwei Streichen und gab sich selten die Mühe, sie zu verfolgen, wenn sie ins hohe Gras entwichen.

Ich muß gestehen, daß mir dabei nicht ganz wohl war: mich bewegten wohl Gefühle ähnlich der einer Mutter, deren kleiner Junge sich im Sport nicht auszeichnet; aber ich tröstete mich mit dem Bewußtsein seiner vielen Gaben und seiner Anmut, mit denen sportlichere Katzen es nicht aufnehmen konnten. Ich erinnerte mich an eine meiner königlichen Nordlandkatzen, die mir fast jeden Morgen eine tote, kalte Maus brachte, sie mir aufs Kopfkissen legte und sie mit der Schnauze zärtlich gegen mein Ohr schob, damit ich sie ja nicht übersähe; eine Aufmerksamkeit, die man gern entbehrte – wohl aber eine, die dem Petit Roi hätte einfallen können, wäre er ein Mauser gewesen. Es blieb mir also etwas erspart, wenn auch nur der Anblick kleiner zerstümmelter Leiber, der mir immer – selbst wo es sich um Ungeziefer handelt – unangenehm ans Herz greift.

Als es endgültig Winter wurde, mit Nebel, Frost und rauhen, unfreundlichen Vormittagen im Gefolge, blieb er mehr im Haus und schloß sich noch enger an die menschlichen Wesen an, die sein einfaches kleines Dasein beschützten. Oft hielt er sich auf dem Kaminteppich im Eßzimmer auf oder auf einem der Empirestühle zu beiden Seiten der Feuerstelle. An sonnigen Vormittagen wiederum lag er im Alkoven eines kleinen Fensters, zwischen dem Glas und einem Frank-Dobson-Kinderkopf. Auch mein Toilettenstuhl vor dem Spiegel, mit dem elektrischen Ofen dahinter, zog ihn an. Des Abends, wenn wir uns im Wohnzimmer versammelten, pflegte er sich auf der Rücklehne eines Ruhebettes oder unter dem Volant eines Sessels auszustrekken. Im Gegensatz zur Schwarzen machte er sich nichts aus Kissen oder sonstigen allzu weichen Lagern; so hatte ich mir angewöhnt, die Flaumdecke etwas wegzuschieben, wenn er aufs Bett kam, und ihm ein flaches Plätzchen auf der Matratze frei zu machen, wo er nach vollendeter Toilette einschlief.

Einen Zug teilte er mit der Schwarzen: eine geradezu manische Vorliebe für Gesellschaft. Weihnachten mit dem Strom von Gästen war himmlisch – vom Weihnachtsessen am Vorabend bis zur Cocktailparty am sechsten Januar. Es war nicht allein der ganze Wirbel von Flitter, Zellophan, Funkeln, Bändern und Dingen, die explodierten und aufblitzten (sein erstes Erlebnis mit Zimmerfeuerwerk brachte ihn ganz außer sich vor Aufregung); er war auch der Mittelpunkt aller Aufmerksamkeit – der Schneekönig, König Winter, *le petit roi Noël!*

Er nahm die Huldigungen mit würdiger Zurückhaltung entgegen, widerstand den närrischen Versuchen, ihn für die Weihnachtskarten an seine Adresse zu interessieren, und faltete schließlich, gesättigt vor Vergnügen, die Pfoten unter der Brust, um zu beobachten, was vorging. Mit seinem kostbarsten Weihnachtsgeschenk, einer mechanischen Maus, spielte er am Weihnachtsabend mehr, wie ich fürchte, aus Höflichkeit denn aus Begeisterung; nachher ließ er es unbeachtet. Menschen mit ihrem seltsamen, unvorhersehbaren Treiben waren amüsanter als eine Maus mit Uhrwerk. Seine Distanziertheit ließ die zudringliche Freundlichkeit und die Bereitschaft der Schwarzen, ihre paar kleinen, selbsterlernten Fertigkeiten vorzuführen, ach! beinahe widerlich erscheinen.

Er und die Schwarze waren damals bei einem Zustand nachsichtiger Duldung angelangt. Daran war er schuld, nicht sie. Doch sie konnte, bei all ihrer altjüngferlichen Art und ihrem natürlichen Bestreben, den ersten Platz in meinem Herzen zu behaupten, der kleinen rosa Schnauze, die sich gegen die ihre hob, der sanften Hartnäckigkeit seiner Annäherung und der warmen Behaglichkeit seines silbernen Vlieses an Winterabenden nicht widerstehen. Manchmal teilten sie sich bereits in einen Lehnsessel: die Schwarze voller Widerstreben, auf der Hut, in sich zurückgezogen und steif vor Widerstand, er dagegen ruhig eingerollt, scheinbar unbeweglich, wobei er jedoch unmerklich auf ihren Raum übergriff, auf den Wollschal, der ihr gehörte, bis ihre Glieder sich berührten. Die Schwarze warf mir gequälte Blicke zu: «Muß ich das hinnehmen?» Ich nickte. Die Schwarze seufzte und schickte sich in die beinah unmerkliche Berührung. Sie blieb jedoch fest, als er sie einmal zu lecken versuchte. Was? – eine Zwergpudelin mit vier preisgekrönten Vorfahren im Stammbaum sollte sich von einer Katze waschen lassen? Sie biß ihn diesmal im Ernst und mit Recht; und die Lehre schadete ihm nicht. Er blinzelte zwar beleidigt, verging sich jedoch nicht wieder. Selbst wenn er danach an den Zotteln ihrer Ohren nagte, tat er es mit einem gewissen Bewußtsein des «Bis hierher und nicht weiter» – was er ja selber für sich eifersüchtig forderte.

Wie die Tage kürzer wurden und ihn draußen wenig verlockte, entwickelte er seinen eigenen Tageslauf. Des Morgens folgte er Alice wie ein Schatten bei ihrer Hausarbeit. Manchmal auf der Schulter, dann wieder unter ihrem Arm, half er ihr beim Staubwischen, Fegen und Glänzen – indem er sich voll Entzücken auf den Staubwedel stürzte oder sich auf Schränke und Kommoden schwang; endlich ließ er sich auf dem Geschirrschrank oder dem Büfett nieder und bewunderte, den Schwanz um die Zehen gerollt, sein eigenes Spiegelbild in der glänzenden Oberfläche. Wenn er mit seinen Mätzchen etwas Zerbrechliches oder Kostbares gefährdete, war Alices vorwurfsvolles «Bert!»

nichts als eine Liebkosung. Wenn ich ihn dann auf den Arm hob und ihn, statt ihn gebührend zu strafen, «meinen weißen Katzenmann!» nannte, nahm ich ihm sein Befreiungsmanöver um seiner vollkommenen Schönheit willen nicht weiter übel.

Eines der anziehendsten Merkmale für den Katzenliebhaber ist die völlige Unabhängigkeit einer Katze, ihre absolute Zurückweisung jeden Zwangs, ihre Weigerung, den geringsten Teil ihrer geistigen Unabhängigkeit sogar jenen preiszugeben, die sie zu lieben gelernt hat. Wer das nicht versteht und anerkennt, eignet sich nicht zum Katzenhalter. Nur eine einzige Katze meiner Bekanntschaft, eine Mrs. Bertha Mocatta, war körperlicher Bestrafung zugänglich; aber Mrs. B. war eine riesige alte Tavernenvettel, die von ihrem Herrn den Stock, den sie immerfort verdiente, einfach als einen Bestandteil ihres täglichen Daseins hinnahm und die in der Lage war, sich bis zu ihrem letzten sündigen Atemzug zu verteidigen. Sie vergötterte die Hand, die sie zum Wohlverhalten zwang, und damit gehörte Mrs. B. zu den Unsterblichen; denn noch einige Zeit nach ihrem Ableben war ihre Gegenwart im eigentlichen Sinne spürbar in der kleinen Wohnung, in der sie herrschte, nachdem ihr früherer Herr das Lokal, in dem sie aufgewachsen war, aufgegeben hatte. Ihr Geist würde, so glaube ich, immer noch umgehen, hätte sich nicht ihre Nachfolgerin, die sanfte Mrs. Laura Chevely, darin eingerichtet, gegen die geisterhafte Zähne und Krallen nichts ausrichten können.

Es mag auffallen, daß ich lieber von «Haltern« als von «Besitzern» von Katzen spreche. «Besitz» schließt Herrschaft über Leib und Seele ein. Die Anhänglichkeit eines Hundes anerkennt aus freiem Willen eine solche Herrschaft; eine Katze niemals. Solche Unabhängigkeit beleidigt Leute, die Katzen nicht lieben: warum, habe ich nie verstehen können. Ich sehe nicht ein, weshalb man ein Tier mehr «besitzen» soll als ein menschliches Wesen.

Jetzt, da der Winter eingerückt war, vergingen die Nachmittage des Petit Roi meist mit Schlafen, wenn ihn nicht ein kurzer Sonnenstrahl hinauslockte oder der Nordwind, der die dürren Blätter aufwirbelte, ihn in Versuchung brachte, über den Rasen zu tollen. Er besuchte jeweils die Nachbarn, indem er über den Rasen trottete, sein Köpfchen hob, sein schmeichelndes Prr-rr-uh ausstieß und in Anerkennung einer empfangenen Liebkosung den Schwanz hin und her krümmte, bevor er an ihrer Laube aufs Dach der Garage oder in den Birnbaum hinaufkletterte, wo er mit dem Adel einer Galionsfigur am äußersten Ende eines Astes stand und dem Wind trotzte; oder er ließ sich auf den Firstziegeln

vom Wind zu einer weißen Chrysantheme verblasen.

Seine Verständigung mit denen, die das Haus mit ihm teilten, erweiterte sich jetzt merklich. Wenn er aufschaute und Prr-rr-uh machte, bettelte er nicht um Fressen, wollte nicht hinausgelassen werden oder spielen. Es hieß «Ich bin da» oder «Wo bist du gewesen?» oder einfach «Bitte beachte mich». Oft setzte er sich neben mich auf eine Sofa- oder Sessellehne und schnurrte so laut, daß die Schwarze aufschreckte und erstaunt den Kopf hob.

Er entdeckte das Wunder des Feuers; so verlockend es war, er benahm sich doch sehr vernünftig ihm gegenüber. Bei allem Behagen, das davon ausging, achtete er sehr darauf, seinen Pelz oder den rastlosen Flederwisch seines Schwanzes nicht zu versengen. Und so gemütlich er es auch fand, entfernte er sich doch davon – immerhin mit mißbilligender Miene –, falls derjenige, bei dem er sich aufhalten wollte, nicht am Feuer saß.

In einem Punkt gab er nicht nach und zeigte er sich bei vorrückendem Abend ungeduldig. Man mußte unbedingt mit ihm spielen. Es verfing nicht, ihm einfach seinen Pingpong-Ball, seine Schnur mit dem Kaninchenschwanz, seine zerknüllten Silberpapiere oder die Leine der Schwarzen mit den Glöckchen zu geben. Er weigerte sich rundweg, allein zu spielen. Er schmollte, begehrte auf und sprang auf den Spieltisch, wo er Asse, Könige und Damen durcheinanderwarf oder den Bleistift, der den Stand des Spiels festhielt, zu Boden rollen ließ. Wenn man ihn als Störenfried hinunterbeförderte, spazierte er düsteren Sinnes über Stühle, Tische und Sofas hinweg; absichtlich ging er zum Angriff auf den Behang aus spanischem Leder oder das frischbezogene Liegebett über – auf irgend etwas, das kostbar war und jemanden veranlassen würde, aufzuspringen und ihn von seinem üblen Tun abzuhalten.

Es gab keinen andern Ausweg, als mit ihm zu spielen: mit einem Tuch oder der Leine der Schwarzen treppauf, treppab zu rennen. Das Spiel jagte uns von Zimmer zu Zimmer; er kauerte unter den Betten, um plötzlich wild nach unsern Knöcheln auszuholen; er warf sich flach auf den Boden in gespielter Erschöpfung, die der wilde, dunkle Glanz seiner Augen Lügen strafte. Manchmal war die Erschöpfung wirklich; dann ließ er sich wie ein weißer Pelzkragen über die Achsel werfen und unter zufriedenem Schnurren hin und her wiegen – bis er in einem Augenblick, da man zärtlich dachte, er werde jetzt einschlafen, einen Satz nahm wie ein fliegendes Eichhörnchen, und dann ging das Spiel von neuem los.

Eines Tages kurz nach Weihnachten erlebte er einen Schock.

In der Dämmerung öffnete ich die Hintertür, um ihn ins Freie zu lassen, und als er vorsichtig unter die Tür trat, füllte sich die Luft um ihn mit weißen Federn. Der weiße Wirbel kam überraschend; er zog sich zurück, und dann verlor er den Kopf vollends, wandte sich um und warf sich mir in die Arme. Ich lachte, behielt ihn auf dem Arm und trat mit ihm auf den Weg hinaus. Der Schnee fiel auf uns beide, und da ich ihn hielt, gewann er seine Fassung wieder, sprang bald leichtfüßig hinunter und ging zu seinem gewohnten Platz in der Rabatte. Aber für einmal verweilte er nicht. Es war zu kalt. Er flitzte an mir vorbei, sauste zum Feuer im Eßzimmer und begann eilig die feuchte Kälte auf seinem Pelz wegzulecken.

Am nächsten Morgen saß er auf dem Sims meines Schlafzimmerfensters und blickte auf die fremde Welt hinaus: die weiße Landschaft, die in der Sonne glitzerte. Er war fasziniert. Gleich darauf begehrte er hinausgelassen zu werden und glitt zur Hintertür hinaus, wo der Schnee bereits weggefegt war und die Morgensonne den Weg erwärmte. Dort saß er und nahm den veränderten Anblick seiner gewohnten Umgebung in sich auf. Seit ich beobachtet habe, wie der Petit Roi die grüne Fläche anschaute, die sich über Nacht in eine weiße verwandelt hatte, zweifle ich nicht am Farbensinn der Katzen. Er war verwirrt und beeindruckt.

Der Steinpfad, der unter dem vorspringenden Dach zur Straße führt, war auch vom Schnee frei gemacht worden, und gemächlich trottete er ihn entlang, um die merkwürdige weiße Landschaft von einem anderen Punkt aus zu betrachten.

Unterdessen war die Schwarze auf ihrem Morgenspaziergang gewesen. Sie hatte Schnee schon öfters gesehen und freute sich im großen und ganzen daran. Ihre winzigen Pfoten, kaum größer als Vogelklauen, sanken ein in den kühlen Flaum; sie wischte ihre Schnauze am Schnee ab und tauchte mit weißem Schnurrbart und weißen Rändern an den Ohren auf. Während der Petit Roi auf dem Torweg saß, kehrte sie auf den Weg zurück.

Er erhob sich auf die Zehen, blies sich zum weißen Ballon auf und fauchte – zum erstenmal in seinem Leben. Er machte einen abwehrenden Buckel, als ES vorbeikam: ein schwarzgelbes ES, vertraut und doch erschreckend fremd. Die Schwarze in ihrem narzissengelben Sweater, den er nie zuvor gesehen hatte, erfüllte ihn mit Furcht. Er hieb mit der Pfote aus. Die Schwarze stand still und starrte ihn an. Er buckelte wieder, ließ ein langgezogenes Knurren hören und fauchte erneut. Die Schwarze, beeindruckt, kam näher, um dieses merkwürdige Benehmen eines bis dahin so freundlichen Wesens näher zu betrachten.

Seine Augen weiteten sich und wurden dunkel, sein rosa Mund, weit offen, verzog sich an den Ecken, er hielt den Atem an. Dann, in einem schnellen Aufatmen, erkannte er die Schwarze und schoß wie ein Pfeil auf die Küchentüre zu. Den Schnee von ihren Fransen schüttelnd, galoppierte die Schwarze hinterher. Sie kauerten voreinander vor dem Eßzimmerofen und berochen sich dann gegenseitig zehn Minuten lang von Kopf bis Fuß, als ob sie sich eben erst kennenlernten.

Das war die Woche, in der er die Möglichkeiten des Diwans entdeckte. Das letzte, rührendste Bild des kleinen Königs ist das eines langgereckten weißen Arms, der zwischen Rückwand und eingerolltes Ende des Diwans langt; eines schneeweißen Kopfes und eines Paares rubinroter Augen, die lebhaft zwischen einem Schatten und der Abendzeitung hin und her gehen, welche zwischen Kissen und Wand gesteckt worden war, damit er sie heraushole.

Um die Zeit etwa schrieb ich in mein Tagebuch:

«Von allen Katzen, die mich besessen haben, hat keine meinen weißen Kater erreicht an Lieblichkeit, Intelligenz und Anhänglichkeit. Daß er taub ist, ist schließlich doch recht unwichtig.»

Mark Twain

Dick Baker und sein Kater

Einer meiner Kameraden dort – auch ein Opfer von achtzehn Jahren unbelohnter Plackerei und vernichteter Hoffnungen – war eines der sanftesten Gemüter, die je in öder Verbannung geduldig ihr Kreuz getragen haben: der gesetzte und schlichte Dick Baker, Nestergräber von Dead-Horse Gulch. Sechsundvierzig Jahre alt, grau wie ein Ratz, ernst, beschaulich, schlampig gekleidet und lehmbeschmiert, sein Herz aber aus edlerem Metall als alles Gold, das seine Schippe zutage förderte – ja als alles, was je gegraben oder geprägt worden ist.

Immer wenn er eine Pechsträhne hatte und ein bißchen niedergeschlagen war, fing er an, um den Verlust einer wunderbaren Katze zu trauern, die er einmal besessen hatte (denn wo keine Frauen und Kinder da sind, halten sich gutherzig veranlagte Männer Schoßtiere, weil sie irgend etwas liebhaben müssen). Und immer sprach er von der merkwürdigen Klugheit dieser Katze, und er tat dies mit der Miene eines Mannes, der im geheimsten Innern glaubte, daß sie etwas Menschliches – vielleicht sogar Übernatürliches – an sich gehabt hätte.

Ich hörte ihn einmal von diesem Tier erzählen. Er sagte: «Wissen Sie, ich hab hier mal 'ne Katze gehabt, die hieß Tom Quarz, die hätte Sie vielleicht interessiert, ich meine – hätte fast jeden interessiert. Hab sie hier acht Jahre gehabt – die phantastischste Katze, die *ich* jedenfalls gesehn hab. War 'n großer grauer Kater, mein Tom Quarz, mit mehr Menschenverstand wie jeder hier im Camp – und *würdig* – hätte sich nicht mal von unserm hohen Gouverneur vertraulich kommen lassen. Sein ganzes Leben lang hat er keine Ratte gefangen – war ihm nicht fein genug. Ihn hat nichts weiter reizen können wie's Goldgraben. Da wußt er mehr drüber, dieser Kater, wie alle Leute, die ich überhaupt kenne. Übers Seifengraben konnte ihm keiner mehr was vormachen – und für Nester, Mann, dafür war er richtiggehend geboren. Hat hinter mir und Jim hergebuddelt, wenn wir über die Hügel schürfen waren, und ist ganze fünf Meilen hinter uns hergetrottet, wenn wir so weit gegangen sind. Und hat den allerbesten Riecher gehabt für Boden mit was drin – so was haben Sie einfach noch nicht gesehn. Haben wir dann mit der Arbeit angefangen, hat er rumgeäugt, und wenn er von den Anzeichen nicht viel gehalten hat, hat er geguckt, wie wenn er sagen wollte: ‹*Mich* müßt ihr schon entschuldigen›, und hat dann ohne jedes weitre Wort die Nase hochgenommen und ist abgeschoben und nach Hause. Hat ihm der Boden aber gefallen, hat er abgewartet und keinen Mucks gesagt, bis die erste Pfanne ausgeseift war, und dann ist er anscharwenzelt gekommen und hat sich's angeguckt, und hatten wir so Stücker sechs bis sieben Goldkörner drin, war er zufrieden – 'ne bessere Schürfe wollte er gar nicht –, und dann hat er sich auf unsre Jacketts hingehaun und wie's Dampfschiff geschnarcht, bis wir aufs Nest gestoßen sind, und ist dann aufgestanden und hat Aufsicht geführt. Im Obersteigern war er schon beinah ganz große Klasse.

Na ja, und dann kam das Getue mit dem Quarzbau. Sind alle rein versessen drauf gewesen, haben sich alle mit der Picke und Sprengpulver rangemacht, statt auf'm Hang zu schippen – haben alle ihrn Schacht gebohrt, statt über Tage zu kratzen. Jim ließ keine Ruhe mehr, wir sollten's auch mal mit Adern probieren, und das haben wir denn. Haben uns an einen Schacht gemacht, und Tom Quarz, der hat sich vielleicht gewundert, was in drei Teufels Namen das nu alles bedeuten sollte. So 'ne Art Bergbau hatte er doch noch nie gesehn, und er war reineweg durcheinander, es ging ihm irgendwie nicht ein, war ihm einfach zu hoch. Hat ihm gestunken, kann ich Ihnen sagen, hat ihm mächtig gestunken – hat's wohl für den reinsten Blödsinn gehalten. Aber dieser Kater war schon von früher her gegen alle neumodischen Einrichtungen – die konnte er irgendwie nicht ausstehn. Sie wissen ja, wie das mit alten Gewohnheiten so ist. Langsam hat sich Tom Quarz dann aber doch 'n bißchen damit ausgesöhnt, bloß hat er nie völlig verstanden, warum nu immerzu Schacht gebohrt und gar nichts mehr ausgeseift wurde. Zuletzt ist er auch selber runter in den Schacht gekommen, um sich die Sache zu beschnuppern. Und wenn er mal miesepetrig war und niedergeschlagen und verärgert und sauer – denn er wußte doch, daß wir immer tiefer in die Kreide gerieten und keinen einzigen Cent machten –, da hat er sich in der Ecke auf einem Jutesack zusammengerollt und sich ausgeschlafen. Wie nu eines Tages der Schacht seine zirka acht Fuß tief war, wurde das Gestein so knochenhart, daß wir sprengen mußten – das erstemal in Tom Quarz' Leben. Und da haben wir also die Lunte angezündet und sind raus und fünfzig Schritt weit weg – und haben Tom Quarz vergessen und auf dem Sack weiterschlafen lassen. Nach ungefähr einer Minute sehn wir aus dem Loch 'ne Rauchwolke rauspuffen, und dann ist alles mit furchtbarem Krach losgegangen, und zirka vier Millionen Tonnen Felsen und Erde und Rauch und Splitter sind anderthalb Meilen hoch in die Luft geflogen, und, weiß der Kuckuck, genau mittendrin der alte Tom Quarz! Und schießt wie wahnsinnig Kobolz und schnaubt und niest, und haut um sich und will sich wo festkrallen. Half bloß nicht, wissen Sie, half überhaupt nicht. Und dann haben wir zweieinhalb Minuten lang nichts mehr von ihm gesehn, und auf einmal hat's Steinbrocken und Dreck geregnet, und dann plumps! ist er runtergekommen, ungefähr zehn Fuß weit ab von da, wo wir standen. Na, der sah aus wie das gemeinste Vieh, was Ihnen je übern Weg gelaufen ist. Das eine Ohr hinten am Genick und den Schwanz verbogen und die Wimpern versengt und ganz schwarz von Pulver und Rauch und mit Dreck beschmiert und von oben bis unten mistig. Also, ich sag Ihnen, sich entschuldigen wollen, war sinnlos – kein Wort brachten wir raus. Er hat erst sich selber und denn uns angeguckt, ganz empört, so als ob er sagen wollte: ‹Ihr kommt euch wohl sehr schlau vor, was, 'ne Katze so reinzulegen, die mit Quarz noch keine Erfahrung hat, aber ich denk da anders drüber!›, und dann machte er kehrt und zog ab nach Hause, ohne noch weiter was zu sagen.

Das war genau seine Art. Und Sie werden's vielleicht nicht glauben, aber was der hinterher für 'n Vorurteil gegen Quarzbau hatte, das war bei 'ner Katze einfach einmalig. Und wie er dann nach und nach doch wieder runter in den Schacht gegangen ist, da hätten Sie

gestaunt, wie schlau er da war. Den Moment, wo wir 'ne Sprengung loslassen wollen und die Lunte anfängt zu knistern, guckt er als wie: ‹*Mich* müßt ihr schon entschuldigen›, und nichts wie raus aus'm Loch und rauf auf'n Baum. Klugheit? Gar kein Ausdruck. Schon mehr höhere Eingebung!»

Ich sagte: «Diese Voreingenommenheit gegen den Quarzbau ist wirklich erstaunlich, Mr. Baker, wenn man bedenkt, wie er sie sich geholt hat. Konnten Sie ihn denn nie davon heilen?»

«Ihn *heilen?* Ach herrje! Wenn Tom Quarz erst einmal gegen was war, dann war er *immer* dagegen – und da hätten Sie ihn dreimillionenmal in die Luft sprengen können, sein verdammtes Vorurteil gegen Quarzbau hätten Sie nicht aus ihm rausgekriegt, nein, aus ihm nicht.»

Die Liebe und der Stolz, die Bakers Gesicht erhellten, wenn er der Standhaftigkeit seines einstigen ergebenen Freundes Tribut zollte, wird mir immer lebendig in Erinnerung bleiben.

Émile Zola

Das Katzenparadies

Eine Tante hat mir einen Angorakater vermacht, das dümmste Tier, das ich kenne; doch an einem Winterabend hat mir dieser Bursche am Kamin folgende Geschichte erzählt:

I

Ich war zwei Jahre alt und der fetteste und naivste Kater, den man sich denken kann. In diesem zarten Alter zeigte ich den Stolz eines Tieres, das den häuslichen Herd verachtet. Und wie dankbar mußte ich doch der Vorsehung sein, daß sie mich zu Ihrer Tante geführt hatte! Die gute Frau betete mich an. In der Tiefe eines Schrankes besaß ich ein richtiges Schlafzimmer, mit Federkissen und dreifacher Decke. Die Verpflegung war ebenso gut: kein Brot, keine Suppe, nur Fleisch, gutes blutiges Fleisch.

Und doch beseelte mich bei diesem Wohlleben nur ein Wunsch, nur eine Sehnsucht: durchs offene Fenster auf die Dächer zu entfliehen. Die Liebkosungen schienen mir abgeschmackt, mein weiches Bett war mir zuwider; ich war so fett, daß ich mich selbst nicht leiden konnte. Mein Glück langweilte mich den ganzen lieben Tag.

Ich muß bemerken, daß ich durchs Fenster das Dach des gegenüberliegenden Hauses sehen konnte, wenn ich den Hals reckte. Eines Tages balgten sich dort vier Katzen mit gesträubtem Fell und erhobenen Schwänzen unter wildem Freudengeheul auf den blauen Schieferplatten. In meinem ganzen Leben hatte ich so etwas noch nicht gesehen. Von da an stand es bei mir fest: Das wahre Glück findet man nur auf dem Dach, hinter diesem Fenster, das so sorgfältig verschlossen ist, wie das Fleisch im Speiseschrank.

Ich wollte fliehen. Es mußte im Leben noch Schöneres geben als blutiges Fleisch. Das Unbekannte, das Ideal. Eines Tages vergaß man, das Küchenfenster zu schließen. Ich sprang auf ein kleines Dach unter dem Fenster.

II

Wie schön waren die Dächer! Große Rinnen faßten sie ein, daraus köstliche Düfte emporstiegen. Ich ließ meine Pfoten in dem feinen Schlamm versinken, der lau war und unendlich weich. Mir war es, als ginge ich auf Sammet. Und die Sonne brannte so heiß, daß die Hitze mein Fett schmolz.

Ich kann nicht leugnen, daß ich dabei an allen Gliedern zitterte. In meiner Freude war ein gut Stück Angst. Ich erinnere mich besonders deutlich an ein fürchterliches Ereignis, das mich fast aufs Straßenpflaster hätte stürzen lassen. Drei Kater kollerten vom Dachfirst herunter und miauten mich schrecklich an; und als ich darüber in Ohnmacht fiel, verhöhnten sie mich Dickwanst und meinten, sie miauten nur zum Spaß. Da miaute ich mit ihnen. Das war entzückend. Die Übermütigen waren nicht so dick wie ich. Sie machten sich über mich lustig, als ich wie eine Kugel über das Zinkblech rollte, das die heiße Sonne erhitzte. Ein alter Kater aus der Bande nahm sich meiner besonders an. Er wollte mich erziehen, schlug er mir vor, und ich nahm mit Dank an.

Wie weit hinter mir lagen die Fleischtöpfe Ihrer Tante! Ich trank aus den Dachrinnen, und niemals hat mir gezuckerte Milch so süß geschmeckt. Alles erschien mir gut und schön. Eine Katze ging vorüber, eine entzückende Katze, bei deren Anblick mich eine noch nie gefühlte Erregung ergriff. Nur in meinen Träumen hatte ich diese erlesenen Geschöpfe gesehen, deren Rückgrat von so wundervoller Biegsamkeit ist. Wir stürzten ihr alle entgegen, meine drei Gefährten und ich. Ich überholte die andern und wollte mich gerade tief vor der entzückenden Katze ver-

beugen, da biß mich einer meiner Kameraden grausam in den Hals. Ich stieß einen Schmerzensschrei aus.

«Bah», sagte der alte Kater und zog mich fort, «es gibt noch mehr solche Frauenzimmer.»

III

Nachdem ich eine Stunde lang herumgebummelt war, verspürte ich rasenden Hunger.

«Was ißt man eigentlich auf den Dächern?» fragte ich meinen Freund, den alten Kater.

«Was man findet», belehrte er mich.

Diese Antwort setzte mich in Verlegenheit; denn, soviel ich suchte, ich fand nichts. Endlich erblickte ich in einer Mansarde eine junge Arbeiterin beim Frühstück. Auf dem Tisch unter dem Fenster lag ein appetitlich rotes Kotelett.

«Das ist etwas für mich», dachte ich ganz naiv.

Und ich sprang auf den Tisch und packte das Kotelett. Aber die Arbeiterin bemerkte mich und versetzte mir einen Schlag auf den Rücken. Da ließ ich das Fleisch fallen und entfloh unter schrecklichen Flüchen.

«Du kommst wohl gerade aus deinem Dorf?» fragte mich der Kater. «Fleisch auf fremden Tischen darf nur von weitem begehrt werden. In den Dachrinnen mußt du suchen.»

Niemals werde ich begreifen können, daß das Fleisch in den Küchen nicht den Katzen gehöre. Mein Magen fing an zu knurren. Und der Kater brachte mich völlig zur Verzweiflung: Er sagte, ich müßte bis zum Abend warten. Dann würden wir auf die Straße hinuntersteigen und die Kehrichthaufen durchwühlen. Die Nacht abwarten! Das sagte er ruhig wie ein alter Philosoph. Ich fiel schon beim Gedanken an dieses lange Fasten in Ohnmacht!

IV

Die Nacht kam langsam, eine eiskalte Nebelnacht. Es fing zu regnen an, spitz und wie mit Nadeln stechend, von Windstößen gepeitscht. Wir kletterten über eine Treppe hinunter. Wie häßlich erschien mir nun die Straße! Keine Wärme, keine Sonne, keine sonnenglänzenden Dächer mehr, auf denen man so herrlich herumtollen konnte. Meine Pfoten glitten auf dem schmutzigen Pflaster aus. Wehmütig dachte ich an mein Federkissen und meine dreifache Decke.

Kaum waren wir auf der Straße, wurde mein Freund, der Kater, ganz klein. Geduckt strich er an den Häusern entlang und sagte mir, ich sollte ihm schleunigst folgen. Beim ersten Torweg flüchtete er hinein und schnurrte im Gefühl der Sicherheit. Als ich ihn über diese Flucht fragte, sagte er: «Hast du den Mann gesehen, den mit der Kiepe und dem Haken?»

«Ja.»

«Na ja, hätte der uns bemerkt, so hätte er uns totgeschlagen und am Spieß gebraten!»

«Am Spieß gebraten? Aber gehört denn die Straße nicht uns? Man findet nichts zu essen und wird selbst noch aufgefressen!»

V

Der Kehricht stand vor den Türen. Ich wühlte verzweifelt in den Haufen herum. Zwei oder drei abgenagte Knochen fand ich. Da verstand ich erst, war für ein Leckerbissen frisches Fleisch für eine Katze ist. Mein Freund, der Kater, kratzte den Schmutz wie ein Künstler auseinander. Langsam suchte er alles ab; bis zum Morgen mußte ich ihn begleiten. So verbrachte ich fast zehn Stunden im Regen und zitterte vor Kälte an allen Gliedern. Verdammte Straße, verfluchte Freiheit. Wie sehnte ich mich nach meinem Gefängnis!

Als der Kater am frühen Morgen sah, daß ich fast zusammenbrach, fragte er mich in seltsamem Ton: «Du hast genug davon, was?»

«O ja!»

«Möchtest du wieder nach Hause?»

«Natürlich, aber wie finde ich das Haus?»

«Komm. Schon als ich dich heute morgen sah, habe ich es mir gleich gedacht, daß ein so fetter Kater wie du nicht für die herben Freuden der Freiheit geschaffen ist. Ich weiß, wo du wohnst, ich bringe dich bis an die Tür.»

Das sagte dieser würdige Kater in aller Ruhe. Als wir angekommen waren, sagte er, ohne die geringste Erregung zu zeigen: «Leb wohl!»

«Nein», rief ich, «so wollen wir nicht auseinandergehen. Du mußt mit mir kommen. Ich teile mein Fleisch und mein Bett mit dir. Meine Herrin ist eine gute Frau –»

Er ließ mich nicht zu Ende sprechen: «Schweig, du bist dumm. Ich stürbe in diesem Treibhausleben. Denn üppiges Leben taugt nur für entartete Katzen. Niemals wird eine freie Katze sich durch Gefangenschaft Fleisch und weiche Bissen erkaufen ... Leb wohl.»

Und er kletterte wieder auf seine Dächer. Ich sah, wie seine große, magere Silhouette unter den Liebkosungen der aufgehenden Sonne voller Lust erschauerte.

Als ich wieder nach Hause kam, nahm Ihre Tante das Stöckchen, und ich freute mich dieser Schläge von Herzen. Voller Wollust genoß ich das Vergnügen, es warm zu haben und geschlagen zu werden. Während sie mich schlug, dachte ich schon mit Entzücken an das Fleisch, das ich bekommen würde.

«Sehen Sie», schloß meine Katze und streckte sich vor der Glut aus, «das wahre Glück, das Paradies, lieber Meister, besteht darin, daß man gefangen ist und in einem Zimmer, wo es Fleisch gibt, geschlagen wird.»

Ich spreche vom Standpunkt der Katzen.